Pessoa, CORPO, natureza

Pessoa, CORPO, natureza

As raízes de uma ética "situada"

Tradução
Enio Paulo Giachini

Giannino Piana

Edições Loyola

Título original:
Persona, corpo, natura – Le radici di un'etica "situata"
© 2016 by Editrice Queriniana, Brescia
via Ferri, 75 – 25123 Brescia (Italia/UE)
ISBN 978-88-399-0891-9

Dados Internacionais de Catalogação na Publicação (CIP)
(Câmara Brasileira do Livro, SP, Brasil)

Piana, Giannino
  Pessoa, corpo, natureza : as raízes de uma ética situada / Giannino Piana ; tradução Enio Paulo Giachini. -- São Paulo, SP : Edições Loyola, 2022.
  Título original: Persona, corpo, natura : le radici di un'etica situata.
  ISBN 978-65-5504-123-1
  1. Cristianismo - Filosofia 2. Ética 3. Teologia moral I. Giachini, Enio Paulo. II. Título.

22-127313   CDD-241

Índices para catálogo sistemático:
1. Teologia moral : Cristianismo   241
   Eliete Marques da Silva - Bibliotecária - CRB-8/9380

Preparação: Marta Almeida de Sá
Capa e diagramação: Ronaldo Hideo Inoue
  Detalhe do Colosso do Apenino (*Colosso Appenninico*), estátua de pedra (~11 m de altura) do séc. XVI, de Giambologna (1529-1608), Villa Demidoff, Vaglia, Toscana (Itália). Imagem de © Giuliano Del Moretto. Montagem sobre fundo de © Pixel Park. © Adobe Stock.
Revisão: Maria de Fátima Cavallaro

Edições Loyola Jesuítas
Rua 1822 nº 341 – Ipiranga
04216-000 São Paulo, SP
T 55 11 3385 8500/8501, 2063 4275
editorial@loyola.com.br
vendas@loyola.com.br
www.loyola.com.br

Todos os direitos reservados. Nenhuma parte desta obra pode ser reproduzida ou transmitida por qualquer forma e/ou quaisquer meios (eletrônico ou mecânico, incluindo fotocópia e gravação) ou arquivada em qualquer sistema ou banco de dados sem permissão escrita da Editora.

ISBN 978-65-5504-123-1

© EDIÇÕES LOYOLA, São Paulo, Brasil, 2022

101246

Sumário

Introdução 9

Primeira parte
O horizonte cultural
hodierno e a crise da ética 25

Capítulo 1
Niilismo e niilismos
— rumo às raízes da crise ética 27

1 Nas origens da crise:
o pensamento de Nietzsche 28
2 Do pensamento "fraco" ao
mero caráter de procedimento 41
3 A exigência de um modelo alternativo 53

Segunda parte
Corpo e natureza
— as diretrizes de uma ética situada 61

Capítulo 2
A ambivalência do corpo
e seu caráter simbólico 63

1 As interpretações redutivas do
corpo no pensamento ocidental 65

2 Os significados subjetivos
  do corpo na análise
  fenomenológico-existencial 70
3 Os pontos críticos
  que se devem abordar 73
4 Um modelo de racionalidade simbólica 79
5 Perspectivas para uma ética do "possível" 82

Capítulo 3
A "natureza" do homem
— uma interpretação personalista 91

1 Inatualidade e atualidade da questão 92
2 A evolução dos modelos no Ocidente 100
3 A reflexão teológica hoje 108
4 A atual reinterpretação:
  a perspectiva personalista 116
5 Reflexões conclusivas 123

Terceira parte
Questões de ética aplicada
— a pessoa como último referente 129

Capítulo 4
Bioética e refundamentação
da ética pública 133

1 A dignidade da pessoa como
  limite à manipulação da vida 136
2 A necessidade de uma perspectiva social 145
3 Perspectivas para a
  recuperação de uma ética pública 148

Capítulo 5
Pessoa e sociedade
— para uma refundamentação
ética da política 157

1 Aspectos da crise
sociopolítica hodierna 158
2 A contribuição do personalismo 162

Capítulo 6
Sobre as questões
"eticamente sensíveis"
— uma abordagem metodológica 173

1 Três percursos que
não devem ser seguidos 175
2 A via da mediação e do debate público 179
3 Quais são os critérios
que devem pautar as decisões? 182

Referências bibliográficas 189

Introdução

A ética passa, hoje, por um estágio complexo. De um lado, vemos realmente uma situação de profunda dificuldade, porque o que se processa são os mesmos fundamentos em que se enraíza desde sempre a tradição do Ocidente. Por outro lado, ela vai se tornando cada vez mais necessária para se enfrentar questões muito delicadas (e também dramáticas) que dizem respeito ao futuro da humanidade e do cosmo, cuja solução não pode ser deixada apenas para as intervenções técnicas, pois exige um discernimento de valores mais radical.

A profundidade da crise em que vivemos, porém, torna insuficiente um simples reaproveitamento do aparato tradicional, que extraía as raízes da ética de uma visão metafísica da realidade, isto é, uma visão objetiva, abstrata e impessoal. O que se faz necessário recuperar hoje é a experiência subjetiva, que constitui o âmbito em que a vida moral assume uma consistência autêntica. Mas essa recuperação não pode (e não deve) se estabelecer sacrificando-se a instância fundamentadora, aderindo a uma ética meramente descritiva e procedural que acabaria desembocando no subjetivismo e no relativismo.

O que se deve repensar (e redefinir), então, são as categorias antropológicas que constituem a base da estruturação do fato moral, donde se extraem os critérios que inspiram a valorização e a orientação da conduta pessoal e coletiva. Entre esses conceitos, revestem uma importância fundamental outros como "pessoa", "corpo", "natureza", os quais, além de constituir o ponto de convergência natural entre subjetividade e objetividade, têm um caráter universal, na medida em que são transversalmente passíveis de extensão aos âmbitos em que se desenvolve a vida moral: do âmbito da ética pessoal ao âmbito da ética pública, junto às respectivas implicações da ordem legislativa.

O presente volume intenta refletir sobre essas categorias, adotando-as como estruturas de base da eticidade, capazes de assegurar uma fundamentação robusta, e como indicadoras de endereços concretos a ser adotados para enfrentar diversas problemáticas morais, tanto as mais tradicionais quanto as que estão surgindo atualmente, por meio do progresso tecnológico acelerado. As três partes em que se divide a obra refletem essa tríplice preocupação e se propõem, em seu conjunto, a apresentar uma plataforma sólida em que se possa ancorar a ética, criando estrutura para superar as condições precárias em que se encontra hoje.

A primeira parte (*O horizonte cultural hodierno e a crise da ética*) é formada por um único capítulo (Niilismo e niilismos — Rumo às raízes da crise ética), onde se leva em consideração a situação de crise de valores presente na sociedade hodierna. Não se trata apenas do politeísmo de valores, denunciado por Max Weber em sua época, mas, de uma forma mais radical, da crítica ao próprio conceito de valor e da abordagem das teorias fundacionais. São muitas e diversas, sem dúvida, as razões socioculturais que estão na raiz de tal processo, porém a razão mais importante, que constitui o ataque mais consistente e mais radical à ética, se vê representada no fenômeno do niilismo.

Na base da origem desse fenômeno, vamos encontrar o pensamento filosófico de F. W. Nietzsche. A crítica que ele faz à ética ocidental, sobretudo à ética de inspiração cristã (mas não só essa), se traduz na desmistificação de seu estatuto tradicional, uma particular desconstrução própria dos princípios e do sujeito moral, que chega a propor a inversão total do sistema de valores. Essa operação se dá nas "origens" da formação da ética, tor-

INTRODUÇÃO

nando transparentes os preconceitos que guiaram sua formação. Segundo Nietzsche, a moral corrente não seria outra coisa senão a expressão do "ressentimento" dos fracos diante dos fortes, uma sublimação dos "instintos de rebanho" ligada a considerações de cunho utilitarista. Os verdadeiros valores, ao contrário, são os que surgem da "vontade de potência", cujo modelo é o super-homem, que é o homem do futuro. O homem que impõe uma verdadeira "transvaloração" ou uma "inversão", que consiga abrir espaço para valores alternativos.

A influência de Nietzsche se fez sentir sucessivamente nos desdobramentos da cultura pós-moderna, quando começam a aflorar tendências niilistas que encontraram expressão sobretudo no assim chamado "pensamento fraco", o qual, mesmo antes de ser uma doutrina filosófica, é um costume ou um estilo de vida. A falência das ideologias, dos mitos e das utopias que marcaram o "século breve" e a desilusão que se seguiu se traduz numa abordagem das questões do sentido e do fundamento. Entra em crise não apenas a razão ideológica como também toda forma de pensamento forte e abrangente. A busca de uma identidade flexível e em constante devir não tem apenas soluções negativas. A refutação da categoria da "dialética", que constitui a alma de toda e qualquer forma de progressismo, e sua substituição com a categoria da "diferença" permitem abrir espaço à terra, à singularidade, ao fragmento e à concretização da vida cotidiana.

A ética que surge dessa visão é, no entanto, uma ética radicalmente historicizada, que se vê forçada a desembocar — como acontece com a filosofia analítica — numa perspectiva totalmente em processo, em que se suspende e se coloca entre parênteses toda e qualquer referência aos valores (e, portanto, à própria ética) para limitar-se a definir as regras que garantem o funcionamento correto das relações sociais. É sintomático que os sistemas morais que exercem hoje o controle, sem excluir os que se apegam às assim chamadas "teorias da justiça", sejam, em grande medida, afiliados ao utilitarismo e ao contratualismo.

A questão que surge, então, é: será possível o surgimento de um modelo ético alternativo em relação ao modelo ético do passado, mas também em relação ao modelo que prevalece hoje? Um modelo fundado numa forma de razão menos arrogante e mais histórica que as razões metafísica e ideológica, e ao mesmo tempo capaz de estabelecer uma abertura às buscas do sentido e da verdade? As respostas esboçadas no final do capítulo, que remetem a conceitos como "pessoa", "corpo" e "natureza", são retomadas analiticamente na parte seguinte.

A segunda parte deste volume (*Corpo e natureza. As diretrizes de uma ética situada*) se inicia com um capítulo (A ambivalência do corpo e seu caráter simbólico) em que corpo e pessoa se tornam objetos de um questionamento cuidadoso, que tem como objetivo dar uma consistência efetiva ao discurso moral. O ponto de partida é sempre uma análise pontual das diversas interpretações do corpo e de sua relação com o sujeito humano, do qual vai se retomar suas etapas evolutivas. Assim, passa-se da redução do corpo a objeto ou instrumento — essa é a forma de concepção subjacente às diversas formas de dualismo (desde Platão até Descartes), mas também aos vários monismos tanto materiais quanto espirituais — à recuperação empreendida pela análise fenomenológico-existencial do corpo como dimensão constitutiva da pessoa, como lugar onde essa pessoa se realiza em sua historicidade e em sua intersubjetividade.

A passagem do "corpo pensado", cuja persistência é ainda relevante — é suficiente aqui chamar a atenção para os desdobramentos da genética e das neurociências —, para o "corpo vivido" representa seguramente um salto qualitativo de grande monta. O corpo se reapropria, então, de significados importantes: graças a isso, confere-se novamente unidade ao sujeito

INTRODUÇÃO

humano, e, por intermédio disso, como princípio de socialização e de intercâmbio, intui-se a ligação com o outro, além da inserção no cosmo.

Todavia, mesmo apropriando-se dessa perspectiva, continua prevalecendo a ambivalência do corpo, seu ser ao mesmo tempo sujeito (*Leib*) e objeto (*Körper*), um fator de união, mas também de separação e, mais radicalmente, um âmbito em que se faz a experiência do desaparecimento de si mesmo, isto é, da morte. É como dizer que o corpo é o lugar onde se manifestam, de maneira mais completa, a possibilidade e o limite do humano; onde se torna transparente, em outras palavras, a natureza profunda do homem, suas potencialidades, mas também sua fragilidade. A constatação dessa duplicidade mostra claramente a necessidade de ultrapassar a exaltação, também essa unilateral e fruto de um idealismo disfarçado, do aspecto subjetivo do corpo — exaltação presente na abordagem fenomenológica — para recuperar seu substrato material e, assim, a relevância que detêm as dinâmicas biofísicas nele presentes.

A via a ser percorrida, quando se busca superar as aporias apontadas, é o caminho do simbolismo. Somente mediante a aproximação do corpo por meio dessa forma de racionalidade se torna possível redescobrir a plenitude de seu sentido, o caráter de transcendência imanente que nasce do total enraizamento na subjetividade, mas que ao mesmo tempo não implica qualquer renúncia à própria consistência material e às limitações ali presentes.

A ética que surge dessa visão e que tem seu fundamento na realidade da pessoa como sujeito individual e relacional não poderá, portanto, prescindir somente da consideração do corpo como lugar privilegiado de abertura de si ao outro e ao mundo como também da realidade que, inserindo o homem num espaço e num tempo bem definidos, circunscreve seu campo de ação. Uma ética "situada", portanto, na qual "natureza" e "cultura" interagem dialeticamente com base numa concepção da ação humana que, como afirma Paul Ricoeur, se apresenta como "consenso à necessidade vivida".

Enquanto expressão de uma subjetividade encarnada, o agir humano sempre vem marcado pela tensão entre necessidade e liberdade, e, portanto, encaminhando-se sempre na busca do "bem possível", isto é, do bem efetivamente alcançável, cuja definição implica o exercício de uma constante mediação que supere tanto a tentação de uma adaptação passiva ao que já existe quanto a tentação de uma fuga estéril para o futuro. Uma mediação, dito de outra forma, constantemente aberta ao mundo dos valores, mas ao mesmo tempo ciente da exigência de sua encarnação (sempre parcial) na concreção das situações, em que se desenvolve a vida cotidiana.

O acionamento desse modelo, que também pode ser definido como "ética possível" ou "ética do compromisso" (no sentido nobre de comprometimento com a realidade), exige, de um lado, a referência a um critério objetivo que assegura continuidade (e imutabilidade) à ética e, de outro, a aquisição de uma atitude pessoal virtuosa, que possa exercitar um discernimento correto das diversas situações. No primeiro caso, é bastante significativa a referência ao dado natural que deve ser lido e interpretado em chave personalista, rejeitando tanto uma concepção fisicista (ou biologista), que se traduz num fisicismo materialista, quanto uma forma de positivismo historicista, que não leva em consideração as dinâmicas biofísicas. No segundo caso, o decisivo é a referência a uma sabedoria prática — a *phrónesis* aristotélica ou a *prudentia* tomista — que saiba mediar entre lei e pessoa.

O modelo proposto aqui, por meio do qual se verifica tanto a superação da concepção metafísica tradicional quanto a renúncia a qualquer sistema de valores (e, num sentido mais radical, a ética), para ater-se a uma mera normativa de procedimento, vem marcado definitivamente pelo primado do sujeito, que é o ver-

INTRODUÇÃO

dadeiro artífice do agir moral, e da busca do bem alcançável (e não do bem concebido abstratamente como absoluto). O capítulo seguinte (A "natureza" do homem. Uma interpretação personalista) tem como objeto o conceito recém-recordado como "natureza" (e de "lei natural"). Um conceito que, por um lado, se tornou anacrônico, seja por causa da descoberta da unicidade do sujeito, seja pela concepção sempre mais "artificial" da vida, mas que, por outro lado, incorpora uma atualidade significativa, em razão da importância que têm as instâncias profundas que dele surgem: nesse sentido, é suficiente ressaltar a necessidade de fixar um limite à intervenção manipuladora possibilitada pelo progresso tecnológico atual, ou de encontrar um denominador comum (metacultural ou transcultural) como elemento mediador entre diversas culturas, ou ainda, enfim, preservar a identidade, hoje ameaçada, das diferenças.

O ensaio refaz principalmente a história da evolução do conceito de "natureza" (e de "lei natural") na cultura do Ocidente com base na filosofia grega, passando sucessivamente pela tradição cristã patrística e medieval até chegar ao jusnaturalismo da modernidade. A passagem dos primeiros dois estágios, marcados pela preocupação com uma fundamentação objetiva, mesmo que diversamente configurada, ao último estágio, em que a perda da possibilidade de uma referência objetiva, por causa da singularidade da realidade, abre espaço para se afirmar uma concepção voluntarista na qual se torna decisivo o princípio da autoridade, é a razão e o fundamento de uma involução que levou à dissolução do conceito de "natureza" (e de "lei natural") e, consequentemente, à sua recusa.

A recuperação da fecundidade desse conceito passa hoje por uma reconstrução de suas feições autênticas, retornando às origens e, a princípio, às categorias bíblicas da criação e da aliança. Na primeira — a categoria da criação —, que tem um caráter dinâmico — o ato originário de Deus é, pois, criador, mas também o processo sucessivo, no qual o homem é convocado a levar a cabo o que foi inaugurado por Deus —, se misturam "o dado e o pronto" e "a possibilidade", superando tanto a tentação da sacralização da "natureza" quanto a tentação da redução de tudo à "cultura". A segunda — a categoria da aliança —, realçando que a realidade se apresenta como um tecido relacional, hierarquicamente ordenado, assevera a exigência de a atividade humana desenvolver-se como promoção das várias relações numa óptica de comunhão.

Essa perspectiva encontra sua confirmação no evento-Cristo, de maneira especial nos mistérios da encarnação e da Páscoa. A vinda do filho de Deus na forma de carne não implica apenas a assunção em sua pessoa da dimensão histórica, mas também da dimensão natural ou cósmica — ao *tempus opportunum* (o *kairós*) corresponde o *habitat opportunum*; enquanto, por sua vez, a salvação que se dá por intermédio de sua morte e ressurreição constitui igualmente a libertação do homem e do cosmos; ela se estende até o fim dos tempos e até os confins da Terra.

Partindo dessas considerações, na última parte do estudo apresenta-se uma reinterpretação da categoria de "natureza" (e de "lei natural") em perspectiva personalista, evidenciando sobretudo, para além do termo (que talvez pudesse ser substituído pelo conceito menos equívoco de *humanista*), a importância que reveste hoje a instância que subjaz a essa. A centralidade atribuída à pessoa, com a recuperação da dimensão histórica e relacional, transforma a "natureza humana" em uma realidade complexa, constituída da coexistência de níveis diversos que interagem entre si a partir de uma unidade originária e convergindo rumo a uma unidade mais elevada.

Assim, por derivação imediata, surge um conceito de "lei natural humana" cujo estatuto, radicado na ontologia do sujeito como sujeito relacional, tem sua verdade na perspectiva simbólica. Um conceito de caráter histórico que lança suas raízes

INTRODUÇÃO

no princípio da dignidade humana e cujo conteúdo é produzido pela cultura, em estreita colaboração com o dado natural, compreendido como o "já dado", evitando, assim, a decadência tanto numa interpretação "cientificista" quanto numa interpretação abstrata de ordem "metafísica". Vê-se, então, a ativação de uma dialética aberta na qual o reconhecimento do primado do dado "cultural" não implica o desconhecimento do dado "natural", mas sua reversão e sua integração, na medida em que as funções orgânicas e biológicas constituem a base do simbolismo que a cultura tem a tarefa de elaborar.

A terceira parte (*Questões de ética aplicada. A pessoa como último referente*) tem, por fim, um caráter prático; dedica-se, portanto, a algumas questões específicas referentes à ética pública. O capítulo inicial (Bioética e refundamentação da ética pública) trata, antes de tudo, do problema da bioética, que carece urgentemente, nos dias atuais, de um horizonte de referência teórica, uma chave interpretativa do humano ou uma perspectiva global, por meio da qual se possa observar os processos da vida. Responde-se a essa demanda, ali, tomando como critério heurístico o recurso ao conceito de "pessoa", que é tanto um princípio unificador da experiência humana quanto catalizador de sua validade social.

As possibilidades, cada vez mais abrangentes, de manipular a vida, incluindo a dificuldade de controlar tanto o sistema humano quanto o sistema cósmico, remetem à questão da sustentabilidade dos processos em curso e do limite que lhe deve ser imposto. As ameaças graves que provêm do modelo dominante da racionalidade tecnológica, que atribui o primado à vontade humana e que, relacionando o saber com o poder, relaciona também a capacidade humana com a capacidade tecnológica — o que é possível do ponto de vista técnico acaba sendo considerado igualmente lícito —, tornam evidente a necessidade de uma nova forma de discernimento e de responsabilidade.

A evidência do paradigma mencionado e sua consequente superação só poderão se dar se apelarmos para um critério de valorização alternativo, que, no conceito da dignidade humana, é o fator constitutivo da pessoa, e como fundamento dos direitos, a sua referência essencial. A fecundidade desse conceito encontra-se no fato de que, por intermédio dele, é possível estabelecer os limites entre o que é humano e o que não é e, consequentemente, circunscrever uma área protegida, que não poderá ser violada por um processo manipulador. À luz dessa visão, a bioética chama a identificar o ponto de equilíbrio entre inovação e conservação, entre intervenção transformadora e infraestrutura intangível.

Será preciso acrescentar que o conceito de "pessoa" (e de "dignidade pessoal"), que confere à subjetividade um caráter intrinsecamente social, permite fornecer à bioética um horizonte mais amplo, possibilitando a superação da perspectiva individualista e utilitarista, abrindo espaço para uma valorização dos fenômenos manipuladores por uma óptica de solidariedade. A dignidade humana, que se fundamenta na consideração da pessoa como "ser concreto" e que está estreitamente ligada a uma ontologia relacional, adota, assim, o significado de princípio operativo, ao que se deve fazer referência no cumprimento da atividade biomédica.

As dificuldades que se apresentam hoje no campo da ética pública, em função do acentuado pluralismo dos valores que alimentam o ceticismo ou que exigem a adoção de uma perspectiva meramente voltada aos procedimentos, não devem nos levar a renunciar, por meio de um confronto amplo, fruto de um debate aberto e público, à busca de um terreno valorativo comum para o qual devemos convergir. Trata-se de um pressuposto irrenunciável quando se busca reconhecer os limites a serem respeitados no exercício da atividade manipuladora e quando se busca o empenho num processo de desenvolvimento

INTRODUÇÃO

humano autêntico. Desse modo, as questões bioéticas são inseridas num contexto político em que o critério da dignidade humana, que vai além da tradicional diferença (e oposição) entre os princípios da qualidade e da sacralidade da vida, introduz a exigência de prestar atenção também aos direitos e deveres recíprocos em vista da busca não só do bem pessoal, mas, num senso mais amplo, do bem comum.

O capítulo seguinte ("Pessoa e sociedade. Para uma refundamentação ética da política") retoma a questão anteriormente apontada — a questão política, portanto —, afastando-se das concepções tradicionais (e opostas) liberais e coletivistas para adotar uma perspectiva personalista, a qual, mais que um sistema orgânico, se constitui numa instância, um critério interpretativo dinâmico centrado no conceito de "pessoa"; instância e critério que se traduzem numa concepção articulada da vida social, tanto focada na realização individual quanto no desenvolvimento comunitário e coletivo.

A atualidade dessa instância e esse critério ganham evidência frente à crise pela qual transita hoje a política, que apresenta, antes de tudo, as feições de uma crise ética, isto é, a perda dos valores comuns, de evidências éticas partilhadas. A erosão de um *humus* cultural homogêneo e do sentido de pertença coletiva por ele criada acabou provocando a multiplicação de sistemas de valores que quase não têm comunicação entre si, sendo inclusive contrapostos uns aos outros, com o consequente risco de desagregação do tecido social. Com uma análise acurada, na base desse processo encontram-se fatores de natureza estrutural e cultural mutuamente intrincados, que vão desde a afirmação do fenômeno da complexidade social, por meios do surgimento de tendências corporativas acentuadas, com as pressões individualistas provenientes da assim chamada "cultura da subjetividade", até, por fim (mas não em ordem de importância), o avanço da secularização, que vai absorvendo cada vez mais decisivamente o caráter de crise de sentido e de fundamento; resumindo, a perda de suas raízes.

Enquanto busca do "bem comum", a política não pode prescindir da referência necessária aos valores, do primado dos fins morais com relação à simples eficiência institucional. A queda das ideologias do século passado, não só por causa da incapacidade de apresentar perspectivas de libertação, mas também (e sobretudo) por ter permitido o surgimento de regimes totalitários, permitiu a emergência de visões limitadas como as que são representadas nas "teorias da justiça" ou pelas diversas formas de neoutilitarismo e de neocontratualismo, ligadas à busca de mediação entre interesses particulares e à ausência da busca de um fundamento verdadeiro.

A referência à centralidade da pessoa como fundamento e finalidade da ação política, além de atender à demanda de fornecer a essa uma robusta instância ética, oferece uma chave de interpretação de suas funções, capaz de articular em seu interior a atenção ao desdobramento de relações intersubjetivas autênticas com a promoção de instituições justas. Nesse contexto, onde assume uma função central a mediação entre o que é "pessoal" e o que é "político", são redefinidos no tempo certo conceitos como comunidade, sociedade, bem comum etc., partindo da realidade do sujeito humano, mas ampliando os horizontes para uma perspectiva universalista, até a abertura dos confrontos com as gerações futuras.

A renovação das bases antropológicas da vida social numa óptica pós-ideológica, centrada na busca de bens relacionais e na qualidade da vida se traduz na proposta de uma democracia radicada mais no elemento "social" — basta pensar na referência das diversas comunidades naturais — e em uma concepção não residual do Estado, chamado a inspirar a própria conduta numa integração correta entre princípio de subsidiariedade e princípio

INTRODUÇÃO

de solidariedade. Daí surge a importância dos processos de formação das subjetividades sociais; surge também a exigência de redefinir, não em termos de concorrência, mas de colaboração, a relação entre o que é "privado" e o que é "público"; por fim, surge a necessidade de redefinir o Estado social, a partir da restituição do significado dos "mundos vitais".

Tudo isso, porém, sem subvalorizar, junto à "cultura dos fins", que deve sempre continuar a ter o primado, a "cultura dos meios", sem a qual os próprios fins correm o risco de se ver seriamente comprometidos. A renovação inclusive moral da política não pode se haver com a busca de "regras de jogo" adequadas, que assegurem uma correta articulação das relações entre as instituições e a distribuição correta do poder. A democracia política é também o resultado de uma relação harmônica entre participação, consenso e governabilidade; relação que pode ser assegurada além da aquisição dos valores mencionados, do bom funcionamento dos dispositivos que regem a condução da vida coletiva.

O último capítulo (Sobre as questões "eticamente sensíveis". Uma abordagem metodológica) apresenta o problema das questões "eticamente sensíveis". Com essa fórmula discutível, se alude a algumas áreas precisas da reflexão moral — em particular, a sexualidade, a família e a vida — com uma evidente visão parcial e redutiva da eticidade. Para além das opiniões sobre essa definição, deve-se reconhecer a importância da questão para a gravidade que revestem hoje as temáticas a que se referem no terreno da ética pública. Essa gravidade se torna ainda mais atual na Itália a partir do confronto entre católicos e leigos, que surge hoje cada vez que se trata de debater tais temáticas no terreno legislativo.

A ausência de um confronto franco e sereno, que supere as desconfianças mútuas e atenue as contraposições — carência que acaba dando espaço para leis marcadas mais pelo recurso à ideologia do que por uma atenção concreta às situações —, só poderá ser superada pela adoção de uma perspectiva correta de abordagem em nível metodológico. Isso implica, antes de tudo, a recusa de algumas vias desviantes, que propõem soluções unilaterais inaceitáveis. Nesse sentido, se parte da adoção da ética de um grupo, seja ele religioso, ideológico ou social, para a elaboração da norma civil — é essa, por exemplo, a posição que caracterizou o assim chamado "regime de cristandade" por meio da passagem automática dos valores cristãos para a legislação constitucional —, ao desprezo da ética, pela dificuldade de redefinir um terreno de valores comum e a consequente adoção de uma perspectiva de procedimentos; chegando até o apelo à consciência individual, recusando, assim, uma valoração política por parte dos partidos e das áreas culturais e sociais a eles pertinentes.

O recurso necessário à ética, mas a uma ética pública distinta da ética privada (ou pessoal), implica a elaboração de um modelo no qual a atenção aos valores deve se conjugar com a complexidade e a variedade das situações concretas. A relevância social dos fenômenos abordados aqui exige a busca por dispositivos eficazes, que são redefinidos através de um debate público em que se possam (se devem) confrontar as diversas visões de mundo. A busca por um denominador comum, numa sociedade plural em que se fazem presentes diversas concepções antropológicas, só poderá verificar-se positivamente quando o objetivo visado for o "bem comum", cuja definição pode não ser fruto de uma convergência em torno de uma posição partilhada, à qual se pode chegar apenas por parte de cada um — tanto o sujeito individual ou um grupo religioso, cultural, ideológico, social —, a rediscussão (e a eventual renúncia) de sua própria visão.

A definição dos critérios para inspirar as decisões comuns exige que se lance mão de uma "ética da responsabilidade", que, para além da referência à singularidade da pessoa, à sua consciência e à sua vocação, implica, por sua vez, a atenção ao outro. A perspectiva personalista, que atravessa todo o campo de refle-

INTRODUÇÃO

xão deste livro, reaparece aqui na forma da necessária atenção da política a uma figura universalista do outro (responsabilidade como *responder a todos e a cada um*), que, em vista da interdependência atual e da atuação de processo com reflexos culturais e sociais bastante amplos, inclui toda a humanidade atual e futura, implicada na criação de estruturas justas. Retorna ainda por meio da referência a uma concreção situacional, que, sob o vértice da proposta de Weber, se traduz numa análise das consequências das ações (responsabilidade como *responder por toda e qualquer coisa*), na consideração de sua gravidade objetiva, que não pode ser desconsiderada pelo político.

Por fim, pessoa, corpo e natureza são os pilares que, como uma arquitrave, sustentam um projeto ético que recupera o próprio fundamento sem precisar recorrer a instâncias metafísicas anacrônicas, mas também sem incorrer numa perspectiva relativista, que coincide de fato com a suspensão da ética, substituída por uma "ciência dos costumes", que transforma o critério sociológico (ou estatal) na única referência da conduta humana. Contudo, são também (e principalmente) as chaves de interpretação de uma proposta de valoração que, apelando para a dignidade da pessoa, está em condições de integrar o aspecto subjetivo e o aspecto objetivo, conferindo ao agir humano seu verdadeiro significado.

Giannino Piana

Primeira Parte
O horizonte cultural hodierno e a crise da ética

A crise da ética é motivada, hoje, por razões filosóficas, mas também por uma série de processos socioculturais que modificaram profundamente a vivência concreta das pessoas. A leitura que se busca fazer aqui desse fenômeno integra as duas motivações, que são, por seu turno, estreitamente interdependentes: a reflexão filosófica se torna necessária, entre outros fatores, também pelo que ocorre na sociedade, pelas mudanças de costumes e pelo *éthos* coletivo; enquanto, por seu turno, as propostas filosóficas e culturais concorrem entre si inevitavelmente para formar a mentalidade, acabando por influenciar os comportamentos.

A abordagem que abre esta primeira parte começa, antes de tudo, com a análise da reviravolta provocada pelo pensamento de Nietzsche, com sua crítica radical a toda a ética ocidental, em especial à ética cristã, e com sua proposta de transvaloração dos valores, que apresenta os traços de uma verdadeira inversão de valores, por meio da qual a ética se torna um apanágio dos espíritos fortes e aristocráticos, e o critério normativo é o desejo de potência, mas, sobretudo, o destino final desse processo todo é o niilismo. À crítica de Nietzsche, que reverte o quadro tradicional dos valores, segue-se, então, uma crítica, em alguns aspectos, ainda mais corrosiva, representada pela filosofia analítica, a qual nega a própria possibilidade de se falar de ética, uma vez que, a

PRIMEIRA PARTE

seu juízo, as proposições a que ela se refere, enquanto exortativas ou imperativas, são completamente inverificáveis.

O contexto hodierno da pós-modernidade reflete essa situação, seja pela afirmação do assim chamado "pensamento fraco", que nega consistência à busca de fundamento, seja por causa do "politeísmo dos valores", anunciado por Weber, que foi adotando traços cada vez mais acentuados com o avanço da secularização. A predominância hoje é, portanto, de uma ética normativa e de valores de caráter meramente voltada aos procedimentos, com o retorno a formas de neoutilitarismo ou de neocontratualismo. A questão que surge, portanto, é a seguinte: será possível restituir à ética um fundamento real, saindo tanto da fundamentação metafísica abstrata do passado quanto do risco de incorrer num relativismo absoluto? É a essa questão que se busca responder nos próximos capítulos (capítulo 1).

Capítulo 1
Niilismo e niilismos
— rumo às raízes da crise ética

A crise dos valores comuns é evidente hoje. O pluralismo, que caracteriza a sociedade hodierna, não apresenta apenas conotações culturais e ideológicas; apresenta também traços consistentes de caráter ético. A dificuldade de retraçar um terreno de valores comum, onde se possa ancorar a vida social e política, é expressão de um processo cultural que Max Weber identificou de forma lúcida e antecipada na afirmação de um "politeísmo de valores", que, nos últimos decênios, tem sofrido um processo de robusta aceleração. O fenômeno da secularização ou do "desencantamento do mundo" (para empregar ainda a linguagem de Weber), iniciado nos inícios da modernidade, tem alcançado níveis tão profundos a ponto de determinar uma revisão das categorias tradicionais de interpretação da realidade e de colocar radicalmente em discussão as próprias teorias de fundamentação do sentido.

Quando se acrescenta a isso a constante fragmentação do tecido social, como consequência da complexidade social, se compreende como a convergência dos valores comuns vai sendo substituída por uma pluralidade de sistemas de valor, via de regra, dificilmente compatíveis entre si. A falta de um polo de referência unitário, como o que foi representado no passado pelo "sagrado", não compreendido apenas como sagrado religioso como também metafísico e até ideológico, abriu espaço para uma situação de vazio que tende a alimentar uma forma de ceticismo para a qual a questão dos valores se vê radicalmente restringida, enquanto sobra para a ética apenas a tarefa de definir normas de comportamento convencionais voltadas a assegurar o desdobramento ordenado da convivência.

As razões da crise ética vivida hoje não podem ser reduzidas apenas a fatores de ordem sociocultural; por trás dessas razões, vamos encontrar, mais profundamente, motivações de natureza estreitamente filosófica, por isso será preciso questionar se é possível ainda alcançar a verdadeira identidade e uma consistência da atual situação de dificuldades. Sob esse perfil deve-se reservar uma relevância específica ao fenômeno do "niilismo", que representa uma forte ameaça à ética, colocando em questão seus fundamentos tradicionais.

As reflexões propostas aqui têm o objetivo de esclarecer, sobretudo, esse fenômeno, partindo de suas origens, na abordagem do pensamento de F. W. Nietzsche [1], para, em seguida, se concentrar nos desdobramentos que esse pensamento apresentou no âmbito da cultura pós-moderna com a abertura de outras correntes de pensamento, que levam — basta pensarmos na filosofia analítica — à negação da própria possibilidade de se falar sobre ética [2]; assinalando, por fim, a exigência de reconstruir as bases de um modelo de ética flexível mas solidamente fundamentado [3].

1 Nas origens da crise: o pensamento de Nietzsche

O primeiro (e mais genial) intérprete da crise da moral atual é F. W. Nietzsche, cujo pensamento é de difícil sintetização, tanto pela complexidade que marca seu pensamento quanto pela extrema variedade de temas psicológicos aos quais faz referência, e inclusive pela sugestão estética da linguagem em que se exprime¹. Mas o que aparece com grande força em sua reflexão é a refutação da moral do Ocidente e a exigência de lançar esforços por sua inversão. A crítica de Nietzsche volta-se principalmente ao projeto estrutural sobre o qual foi edificada a ética ocidental e se traduz na proposta de um códice alternativo de valores, fundado na vontade de potência como essência do homem, e em sua visão da história marcada pelo mito do "eterno retorno" (*die ewige Wiederkunft*).

1.1 A crítica das éticas tradicionais e os pressupostos de uma nova ética

Não são apenas as éticas que trazem inspiração haurida de uma visão transcendente da vida que devem ser colocadas sob uma contestação radical, mas também as éticas de ordem racional, visto que são caracterizadas pela (falsa) pretensão de um caráter absoluto e da tendência de destruir a vontade de potência, que é a raiz de toda e qualquer realização humana autêntica.

Todas essas morais que se voltam à pessoa individual, como se costuma dizer, para sua "felicidade" — escreve ele —, o que são se não propostas sobre a conduta a ser tomada em um nível de *perigo* em que a pessoa singular vive consigo mesma; receitas contra as paixões, suas tendências boas e ruins, enquanto essas têm a vontade de potência e gostariam de ter a tarefa de dominador, pequenas e grandes astúcias artificiais, saturadas

---

1   Os escritos de Nietzsche têm grande poder sugestivo. Ele privilegia os enunciados e os aforismos mais que as argumentações extensas, e os atribui, muitas vezes, a um fragmento de uma fulguração que ilumina todo o seu pensamento. Em função disso, também se torna difícil (e arriscado) tentar sistematizar sua reflexão, caracterizada, em grande parte, por intuições geniais, sem preocupação com a continuidade (cf. BLANCHOT, M. *Nietzsche oggi*, in: ID. *L'infinito intrattenimento: scritti sull'insensato gioco di scrivere*, Torino, Einaudi, 1979).

PRIMEIRA PARTE

do cheiro de mofo de velhos remédios caseiros e de uma sabedoria de velhas senhoras; todas barrocas e irracionais em sua forma — pois se referem a todos, pois generalizam onde não se pode generalizar — todas elas falando em termos do absoluto, tendo afazeres absolutos, todas condimentadas não apenas com um único grão de sal, mas, antes, simplesmente suportáveis, e às vezes até sedutoras quando aprendem a emanar um odor muito pesado e perigoso, sobretudo o do além; tudo isso, mensurado com o intelecto, tem pouco valor e está muito longe de ser "ciência" e muito menos "sabedoria", mas, dito ainda uma segunda e uma terceira vez, não passa de sagacidade, sagacidade misturada com imbecilidade, imbecilidade, imbecilidade — seja que se trate daquela indiferença e frieza estatutária contra a loucura ardente das paixões, como foi aconselhada e recomendada pelos estoicos, ou também daquele não mais rir e não mais chorar de Espinosa, de sua recomendação ingênua de destruir as paixões por meio de sua análise e vivissecção; ou daquele nivelamento das paixões a uma mediocridade inofensiva na qual elas poderiam ser satisfeitas, isto é, o aristotelismo da moral; ou que se trate então da moral como fruição das paixões numa rarefação e numa espiritualização intencional mediante o simbolismo da arte, por exemplo, como música, ou como amor a Deus ou ao homem por amor de Deus — pois na religião as paixões tem novamente direito de cidadania, uma vez que... ou então que se trata daquele próprio abandonar-se complacente e malicioso às paixões, como ensinou Hafis e Goethe, daquele lançar as redes de modo atrevido, aquela *licentia morum* espiritual e carnal, no caso específico dos velhos sábios originais e ébrios, nos quais isso já não representa "mais muito perigo". Também isso para o capítulo "moral sob a forma de medo"[2].

---

2   NIETZSCHE, F. W. *Al di là del bene e del male* (*Além do bem e do mal*), quinta parte, aforismo 198.

A inversão dos valores proposta por Nietzsche implica, assim, a adoção de uma postura que contrasta abertamente num confronto com a leitura tradicional da história e a sua substituição por meio de uma leitura que implica um envolvimento subjetivo, a postura daquele que sabe "sentir a história dos homens em sua totalidade como *sua própria história*"; mas também comporta a elaboração de uma epistemologia e de uma antropologia que oferecem o devido apoio teórico para a reflexão ética.

Sobre o *primeiro aspecto* — o aspecto epistemológico —, para Nietzsche é fundamental a negação da objetividade do conhecimento, a partir da consideração de que nela sempre está ocorrendo (necessariamente) uma abordagem da realidade segundo uma perspectiva determinada. Isso significa que todo conhecimento sempre é "interpretação", e que por isso é necessário colocar atenção nos aspectos subconscientes e instintivos, enquanto fatores decisivos do conhecimento em geral, e do conhecimento moral em particular. É daqui que surge o abandono da pretensão de se alcançar um "em si" das coisas, delineando nele um sentido, e a consequente relativização de toda e qualquer forma de explicação, além da redução de toda a realidade à experiência humana, caracterizada pelo abandono de qualquer certeza e pela adoração da máscara.

No *segundo aspecto* — o aspecto antropológico —, o dado fundamental ao qual se refere Nietzsche, e que acaba se tornando o critério de diferenciação entre as duas categorias de sujeitos em que se divide a humanidade, é a vontade de potência. Esta mostra ser "positiva" sempre que afirma a vida e os valores vitais, e se mostra como "negativa" quando adota a forma de negação de si mesma, própria dos espíritos fracos. Essa distinção é a razão da oposição que se institui entre um super-homem livre e criador de si e um homem decadente, que exalta as virtudes fracas, como a humildade, a paciência, a misericórdia etc. E essa é a razão que move Nietzsche a justificar a existência de uma "sociedade aristocrática", de onde nasce a necessidade de uma divisão de casta (ou de classe) entre os homens.

Toda nova elevação do tipo "homem" foi até aqui obra de uma sociedade aristocrática — e sempre será assim, isto é, será sempre inegavelmente em razão de uma sociedade que tem fé na necessidade de uma grande escala hierárquica e de uma profunda diferenciação de valor de homem a homem, e que para chegar à sua finalidade não saberia fazer menos que escravizar de uma forma ou outra. Sem o *páthos da distância*, que nasce da decisiva diferença de classes, do constante olhar ao redor de si e sob si das classes dominantes sobre pessoas e instrumentos, e de seu constante exercício no obedecer e no comandar, em manter os outros oprimidos e distantes, não seria nem mesmo possível o outro misterioso *páthos*, o desejo de sempre [alcançar] novas expansões das distâncias dentro da própria alma, o desenvolvimento de estados sempre mais elevados, mais raros, mais ricos em tensão, mais extensos, em suma, a "autossuperação do homem", para adotar em sentido supermoral uma fórmula moral[3].

1.2 A gênese da moral

A problemática moral, situada no quadro das coordenadas recém-delineadas, em Nietzsche, oscila entre o esforço de uma sistematização teórica e a análise dos elementos ideológicos que explicam sua gênese. Ao final de sua obra de desmistificação, reconhece-se o mérito de ter colocado em julgamento o estatuto tradicional da ética, de, por meio do que ele define como "arte da suspeita" — o que o torna semelhante a Marx e Freud nesse ponto —, ter feito surgir a relatividade dos princípios cog-

---

3   Id. n. 257.

nitivos da moral, ou seja, sua dependência do contexto sociocultural; em outras palavras, o mérito de ter atribuído à ética o caráter de disciplina "situada" e "relativa", que se dissolve dentro de uma metodologia correta, tanto de tipo cognitivo quanto pragmático[4]. Essa concepção já se faz presente em *Humano, demasiadamente humano*, onde a "historicidade" da moral vem evidenciada claramente através da crítica do mecanismo de construção da hierarquia dos bens, no âmbito dos quais se dá a distinção entre ação moral e ação imoral; mecanismo estreitamente ligado ao tipo de civilização a que nos referimos. O fato de se preferir, por exemplo, a justiça à vendeta — observa Nietzsche — é próprio de nossa civilização, mas não é necessariamente aplicável a toda e qualquer civilização.

A via privilegiada por meio da qual Nietzsche empreende a desconstrução dos princípios éticos e do próprio sujeito moral, ou — como ele afirma — a "autossupressão da moral", se constitui do esforço de retornar às "origens", em outras palavras,

---

[4] A discussão sobre a "natureza" e a "origem" dos conceitos morais tem início com as obras que pertencem ao assim chamado "período iluminista", do *Humano, demasiadamente humano*, de *A gaia ciência*, e se desdobra através do poema filosófico *Assim falava Zaratustra*, até alcançar as duas obras que pertencem ao último período, *Além do bem e do mal* e *Genealogia da moral*. O espaço concedido à ética por Nietzsche é bastante amplo. Enquanto a prevalência das primeiras obras se dá na forma de aforismos e fragmentos, nos últimos escritos se constata um maior empenho de organicidade. Para aprofundar o pensamento moral de Nietzsche, indicamos, entre as inúmeras contribuições, LAURENZI, E., *Sotto il segno dell'aurora. Studi su María Zambrano e Friedrich Nietzsche*, Pisa, ETS, 2012; MARTINI, M., *Recenti interpretazioni del nazionalismo nietzschiano*, Gubbio, Oderisi, 1977; ID. *La critica dei concetti morali in Nietzsche*, in: Vv.AA. *Nietzsche e la fine dela filosofia occidentale*, Assisi, Cittadella, 1985, 85-106; NEGRI, A., *Nietzsche e/o l'innocenza del divenire*, Napoli, Liguori, 1984; PASQUALOTTO, G., *Saggi su Nietzsche*, Milano, F. Angeli, 2012; VACATELLO, M., *Nietzsche e l'analisi linguistica dei concetti morali*, in: *Rivista di storia dela filosofia* 1 (1984), 129-155.

da tentativa de tornar transparente os preconceitos que levaram à construção da moralidade. A razão fundamental pela qual surge a moral, segundo Nietzsche, deve ser buscada na atribuição originária de uma relação com o mundo dos valores a toda a realidade.

O homem atribui — segundo ele — uma relação com a moral a tudo quanto existe, e colocou um *significado ético* sobre os ombros do mundo[5].

O questionamento genealógico permite desnudar a irrelevância dessa relação, demonstrando como os conceitos morais, sem qualquer vínculo de pertença à natureza, nada mais são que sobreposições em virtude de razões sociais, demonstrando como o próprio significado ético deriva da obediência ao costume impingido pela tradição.

Nesse sentido, o objeto das investigações de Nietzsche é tanto a "história dos sentimentos morais" (cf. *Humano, demasiadamente humano*) quanto a "história natural da moral" (cf. *Além do bem e do mal*), inclusive (e sobretudo) os questionamentos psicanalíticos e antropológicos a respeito da gênese dos conceitos de "bem" e de "mal", junto às ligações que há entre culpa, punição e má consciência (às quais se dedica especialmente a *Genealogia da moral*).

Segundo Nietzsche, toda a história da moral é a história das tentativas de reforçar, através de motivações aparentemente racionais, os costumes dominantes. Em suma, a eticidade consiste no cuidado prestado a tais costumes, enquanto, por outro lado, o sentimento de obrigação sobre o qual se fundamenta o cuidado brota do medo, que é o princípio de coesão da convivência humana. A demolição dos conceitos fundamentais da moral

---

[5] NIETZSCHE, F. W. *Aurora*, aforismo 3. O subtítulo dessa obra diz: *Reflexões sobre os preconceitos morais*.

é, pois, extremamente importante como base essencial para dissolver toda e qualquer cristalização ideológica de domínio.

1.3 A moral como apanágio dos fracos

Como já foi assinalado — na raiz do surgimento da moral vamos encontrar a existência de uma contraposição radical entre uma classe de fortes e dominadores e uma classe de fracos e dominados. A moral que nasce desses últimos é, pois, fruto de um sentimento de reação relacionado aos primeiros, fruto de um verdadeiro "ressentimento" dos fracos nos confrontos com os fortes. O que explica sua origem não é a existência de valores que teriam em si uma justificação, mas a dialética dos sentimentos de ofensa e defesa, que, em sua evolução, se interiorizam, assumindo o caráter de conceitos bem definidos. Dessa relação de dominação, em quem é dominado se concretiza o ressentimento como recriminação de proteção, uma má consciência como introjeção, e o ideal ascético como sublimação. A aquisição do senso moral e, em termos mais específicos, dos valores e das regras é, pois, o resultado de um processo educativo (ou melhor, deseducativo) que tende a distanciar o homem da realidade, forçando-o a adotar posturas conformistas motivadas pelo medo e pela coação.

    O fator externo que se torna determinante é a "sanção social", a qual, se, de um lado, reforçando o sentimento da responsabilidade e do autocontrole, mantém vivas as instituições, de outro, provoca a destruição dos instintos e a desvalorização da bondade do desejo, favorecendo o surgimento da "má consciência". A ausência do fogo do instinto é, pois, a razão pela qual o homem interioriza a própria hostilidade, que encontra desafogo na "transvaloração" negativa do ideal como autossuperação ou como luta pela perfeição. Mas é também a razão da universalização do senso de culpa e de dívida, ligado àquela, de onde nascem os conceitos de pecado, de pena e de redenção.

PRIMEIRA PARTE

Para Nietzsche, a assimilação da moral é, portanto, a conclusão de um processo dramático que tem como epicentro o enfraquecimento da relação com a realidade natural. Os ideais ascéticos, que lançam suas raízes no ressentimento, produzem uma série de mecanismos funcionais para a manutenção do próprio estado e a vontade de estender esse estado aos outros; o resultado desses mecanismos é a despotencialização da vida ou, em outros termos, a alienação como expressão da busca de algo diferente de si mesmo como razão para a própria vida. Nesse sentido, a moral dos escravos ou a "moral de rebanho" — como a define de forma desprezível Nietzsche —, própria da cultura hebraico-cristã, mas também do socialismo e dos movimentos democráticos, tem suas raízes no processo de "sublimação" e no "instinto de rebanho".

Algumas posturas consideradas "espirituais" nada mais são que formas de sublimação de elementos materiais ligados à condição corpórea, enquanto, por outro lado, a adequação dos comportamentos à conduta dos vizinhos, a obediência a leis e instâncias recebidas da tradição, o respeito pelas autoridades e pelos costumes são o produto do instinto de rebanho. As virtudes tradicionais, às quais se referia habitualmente a ética, como a honestidade, a coragem, a lealdade, o heroísmo e a magnanimidade, são tergiversações de interesses, e o preceito cristão do "amor ao próximo" — Nietzsche considera o cristianismo o maior responsável pela corrupção dos valores — é fruto do medo do próximo, por isso, longe de constituir uma forma de altruísmo, reveste, antes, as feições da hipocrisia, na medida em que encobre os verdadeiros motivos do agir, mistificando-os.

A análise da história dos sentimentos e dos conceitos morais manifesta, pois, com clareza, como as normas e os valores éticos não derivam do recurso a princípios fortes, mas provêm de considerações meramente utilitaristas produzidas por sujeitos fracos, que buscam, assim, se defender, mascarando suas intenções atrás da cortina de nobres ideais.

1.4 O super-homem, sujeito da inversão

Os valores — verdadeiros, os que pertencem aos espíritos fortes e aristocráticos —, para Nietzsche, surgem da vontade de potência; além de criá-los e determinar sua essência, a vontade de potência define sua validade, que consiste em sua potência, compreendida como a superação de todo e qualquer limite, instituindo a escala, cujos degraus são determinados pela relação diversa com tal potência.

O nosso intelecto, a nossa vontade, assim como nossas impressões — observa Nietzsche — dependem de nossos juízos de valor, que correspondem a nossas pulsões e a suas condições de existência. Nossas pulsões podem ser reduzidas à vontade de potência. A vontade de potência é o último fato (*Faktum*) ao qual podemos nos remeter[6].

O caminho de saída da moral tradicional, segundo Nietzsche, se constitui pelo nascimento do "homem do grande amor e do grande desprezo", o homem do futuro, o super-homem (ou o além-do-homem, segundo a tradução de Vattimo), capaz de anunciar a nova moral, que implica a inversão de todos os valores e, assim, a reavaliação daquilo que a velha moral sempre considerou como as "três coisas malditas": a vontade, a sede de domínio e o egoísmo. As virtudes disfarçadas do passado são renegadas de forma radical, enquanto se promove a recuperação dos instintos e a aceitação sadia do corpo, além da reavaliação do coração e a busca de um sentido novo. A vontade de potência positiva manifesta sua riqueza numa prodigalidade sem limites; essa, em contraposição ao legalismo que habilita a uma obediência servil, promove a liberdade criativa, que se de-

---

6 NIETZSCHE, F. W. *Genealogia della morale* (*Genealogia da moral*), XIV, par. 161, parte II.

senvolve numa autossuficiência completa, sem qualquer relação com o outro[7].

O super-homem de Nietzsche é a alternativa à apatia, à insensatez; é o resgate da humanidade. Nele são desmascaradas todas as formas de sublimação, que são reconduzidas à sua verdadeira realidade, o dado material; ele constitui o espírito livre, que está para além dos costumes e das leis, tanto morais quanto sociais; é quem se liberta dos vínculos e das cadeias, permanecendo fiel à terra, ciente de que não há valor ou verdade em si (ou ser em si), mas que o valor e a verdade são conferidos às coi-

---

7   Cf. NIETZSCHE, F. W. *Così parlò Zarathustra* (*Assim falou Zaratustra*). Nietzsche, que atribui ao espírito aristocrático a capacidade de criar valores novos — coisa totalmente impossível aos estratos populares e ao homem comum, que tem a tendência de sempre submeter-se à opinião dos outros —, reconhece que a democracia pode ser, por si, ocasião para uma ampliação da região dos que são capazes de assumir decisões autônomas e criativas, mas, apesar disso, de forma pessimista, considera que isso não poderá ocorrer. Ele observa que "o aristocrático, com esforço, isto é, com o auxílio da história, deve deixar claro que, desde há tempos imemoriais, em todos os estratos da população, de algum modo dependentes, o homem comum nada mais *era* se não *aquilo que era considerado*; e de modo algum estava habituado a criar ele mesmo valores, não atribuía a si mesmo qualquer outro valor que não lhe houvesse sido atribuído por seus senhores (o verdadeiro e próprio *direito aristocrático* é de criar valores). Deve-se considerar como consequência de um imenso atavismo o fato de que o homem comum, mesmo nos dias atuais, sempre *espere*, antes de tudo, uma opinião a seu respeito, para depois submeter-se instintivamente e não apenas a uma 'boa' opinião, mas também a uma opinião má e injusta (basta pensar na maioria dos apreços e da autodepreciação que certas mulheres crédulas aprendem com seus confessores, e que em geral o crédulo cristão aprende de sua igreja). Na verdade, em conformidade com o lento aproximar-se da ordem democrática das coisas (e de sua causa, a imbricação entre patrões e escravos), o impulso originariamente aristocrático e precioso de atribuir um valor a si mesmo e 'pensar bem' sobre si mesmo será agora sempre mais encorajado e difundido; porém, isso terá sempre contra si uma tendência muito antiga, tendência que exerce seu poder sobre os mais jovens" (NIETZSCHE, F. W. *Al di là del bene e del male* (*Além do bem e do mal*), parte IX, par. 261).

sas apenas através da criatividade. O super-homem não é quem exercita a vontade de potência (que é comum a todo ser humano), mas aquele que tem plena consciência de que na vontade de potência reside o princípio de toda e qualquer coisa, e que tem uma maneira própria de exercê-la, que o transpõe para além da vã pretensão de reduzir a realidade a uma realidade imaginável e dominável; é, por fim, aquele que quer, e querendo cria, tornando-se responsável pela vida do mundo.

A moral que surge daí então — e é nisso que consiste sua inversão — está fundamentada em primeiro lugar na atitude negativa de recusa do vínculo, da interdição, da limitação das capacidades expressivas e criativas do homem. Na base da moral está o "instinto de conservação", isto é, de sobrevivência pessoal e de perpetuação da espécie; por isso, o comportamento jamais poderá ser julgado como "bom" ou "mau", como altruísta ou egoísta. O desdobramento positivo dessa moral é representado, então, pela presença de valores alternativos, que devem guiar o comportamento humano em vista da autoafirmação subjetiva plena.

Sublimação pulsional, fidelidade à terra, coragem da verdade, amor apolíneo da bela ilusão — nos diz J. Granier —, eis então o quádruplo critério ao qual se deve recorrer para reconhecer, entre as inúmeras manifestações de uma mesma vontade de potência empenhada em superar-se incessantemente, os *graus da potência*, que, determinando o *plus* da *Selbstüberwindung*, distribuem o valor de uma pluralidade de valores concretos e, ao mesmo tempo, lhe assinalam o lugar na linha dupla da vida *ascendente* e da decadência, ou, então, da força e da fraqueza, dentro do *Wille zur Macht*, como único princípio do ser[8].

---

8   GRANIER, J. *Genealogia dei valori e verità nella filosofia di Nietzsche*, in: PENZO, G. (ed.), *Friedrich Nietzsche e il destino dell'uomo*, Roma, Città Nuova, 1982, 68.

PRIMEIRA PARTE

Para Nietzsche, a vida é potência que cresce através da luta; o além não é apenas negação do *em si*, mas a ocultação e a "transvaloração", que é interpretação e não explicação, conduzem ao conhecimento de uma "nova grandeza do homem", ligada ao experimentar, onde se abole a certeza e se abre espaço apenas para a adoção da máscara.

"Além do bem e do mal" — observa F. Masini — significa, portanto, o seguinte: a potência não passa de um incremento, uma *Steigerung* da vontade de ilusão, que se complica em si mesma até imergir profundamente suas raízes naquele labirinto da "vontade de verdade", para o qual não existe nenhum "fio de Ariadne" que seja diferente da "boa consciência" da falsidade, da segurança, com as quais nos são servidas palavras e posturas maiores e mais esplêndidas — uma segurança necessária para a vida[9].

O niilismo em Nietzsche é o resultado da queda do idealismo; a pretensão de ter identificado a finalidade do devir e a ilusão de dominá-lo, reduzindo-o a um fim unificador, já ruíram por terra, derrubando consigo o próprio conceito de verdade.

Não nos resta outra *escapatória* — observa Nietzsche — senão condenar como ilusão todo esse modo do devir de inventar um mundo que seja além desse como mundo *verdadeiro*. Contudo, logo que o homem se dá conta de que esse mundo foi fabricado apenas com base em necessidades psicológicas, e que de modo algum ele tem o direito de fazer tal coisa, surge a última forma de niilismo, que encerra em si a *incredulidade*

---

[9] MASINI, F. "Un mondo fluido" (*Um mundo fluido*), introdução à obra de NIETZSCHE, F. W. *Al di là del bene e del male* (*Além do bem e do mal*), Roma, Newton Compton, 1987, 13.

por um mundo metafísico — que proíbe a si mesma de acreditar num mundo *verdadeiro*[10].

A "inversão" empreendida por Nietzsche tem, sem sombras de dúvida, um importante resultado positivo: desnudar os limites de alguns posicionamentos e/ou comportamentos considerados, em geral, como "virtuosos", demonstrando seus aspectos ambíguos, e contribuir, em suma, para o desmascaramento dos "vícios" que se aninham permanentemente dentro da "virtude". Mas a radicalidade da ética nietzschiana implica que a ética, pelo menos em sua versão tradicional — a que se desenvolveu, apesar de tomar inúmeras variantes, desde os primórdios no pensamento filosófico ocidental até a modernidade —, seja repudiada completamente, enquanto a alternativa sustentada por ele, que contém motivos inegáveis de reflexão e solicitações de revisão crítica de modelos do passado, não pode ser definida em sentido estrito como uma proposta moral; é, antes, a tentativa de reconduzir o comportamento do homem a suas bases instintivas e biológicas, destituindo-o de sua própria especificidade humana e, portanto, de sua valência propriamente moral.

2 Do pensamento "fraco" ao mero caráter de procedimento

O corpo mortal que Nietzsche atribui à moral, porém, não é isolado. A perspectiva niilista é retomada, ainda que com uma abordagem diferente, por algumas correntes do existencialismo, em particular por J. P. Sartre, para o qual a ética, que se apresenta com um caráter puramente formal, privado de conteúdo, se traduz numa "moral da situação", que se refere unica-

---

10   NIETZSCHE, F. W. *Crítica del nihilismo* (*Crítica do niilismo*), 1887, n. 88.

mente ao dado emergente, destituída de qualquer preceito universal. A ausência de uma medida objetiva de juízo implica a relativização de todos os valores; a responsabilidade subjetiva se constitui no único critério ao qual é possível lançar mão; uma responsabilidade que, de outro lado, sem o respaldo de uma finalidade precisa, acaba por implodir e autoanular-se[11].

2.1 No contexto da pós-modernidade

Embora sob uma óptica mais pacificada e de trabalho, as tendências niilistas nos confrontos da moral irão aflorar, depois, no âmbito da pós-modernidade. A forma fundamental adotada por essa tendência vem representada pelo "pensamento débil", que coloca em questão de modo radical os problemas tradicionais do "fundamento" e do sentido, considerando-os responsá-

---

[11] O pensamento de J.-P. Sartre é, na verdade, mais complexo. O ato constitutivo da existência humana, para ele, é a liberdade, a qual, por um lado, é incondicionada, e enquanto tal constitui o motivo de grandeza do homem, visto que o torna capaz de inventar sua própria natureza e criar os valores; mas, por outro lado, é condicionada pela necessidade, e enquanto tal torna-se expressão da miséria do homem, que, não sendo livre de ser livre, se vê condenado à liberdade. Contudo, como revela de forma muito aguda Sartre, a liberdade concede ao homem a plena responsabilidade por suas escolhas, mas ao mesmo tempo coloca-o na condição de ter necessariamente de escolher, de tal modo que, mesmo quando não escolhe, é de fato ainda ele que escolhe não escolher. É nisso que reside o "paradoxo trágico" da condição humana, que faz o homem sentir-se como uma "paixão inútil" (cf. SARTRE, J.-P. *Critica della ragione dialettica* (*Crítica da razão dialética*), Milano, Il saggiatore, 1963). A ênfase dada à liberdade e ao caráter absoluto se traduz em sua dissolução: a liberdade sartriana, não tendo nenhum objetivo a perseguir, no exato momento em que afirma a si mesma, se autonega, dissolvendo-se no nada. Para o desdobramento do posicionamento de J.-P. Sartre, cf. D'ABBIERO, M. (ed.), *Desiderio e filosofia*, Milano, Guerrini, 2003; FARINA, G. *Sartre. Fenomenologia e passioni della crisi*, Firenze, Le lettere, 2012; ID. *L'alterità. Lo sguardo nel pensiero di Sartre*, Roma, Bulzoni, 1998.

veis pelas experiências do absolutismo político, ideológico e religioso que se desenvolveram no "século breve"[12].

Bem mais (e muito mais) que uma corrente filosófica verdadeira, o "pensamento débil" é expressão de uma mentalidade, de um costume, de um estilo de vida, de uma cultura (em sentido antropológico) muito difundida; ou — como defende Z. Bauman — é uma espécie de estratégia defensiva, exercida para sobreviver na época da tomada de consciência da decadência dos grandes mitos e das grandes utopias que marcaram a época moderna[13].

A situação de desilusão frente às promessas não realizadas da modernidade provocou, na verdade, a insurgência de uma radical rediscussão sobre os pressupostos ideais aos quais ela remetia. A convicção de que nada há de permanente, que tudo se modifica com uma rapidez desconcertante, leva a renunciar aos projetos de longo prazo e, de modo ainda mais radical, a abandonar toda e qualquer veleidade de planejamento da existência. Toma a frente, então, a busca por uma identidade flexível, aberta à mutabilidade das situações; uma identidade capaz de se adaptar à multiplicidade e à complexidade das pertenças, sem adotar por completo nenhuma delas; uma identidade, em suma, que se constrói através do cultivo de alianças débeis e provisórias, evitando comprometer-se com juramento e uma fidelidade que se sabe não poder sustentar.

Por trás dessas situações existenciais, que colocam claramente em evidência a precariedade da condição humana, surge uma suspeita generalizada em relação à verdade e aos valores universais; em outras palavras, surge uma perspectiva relativista que, se de um lado favorece o desenvolvimento de uma atitude

---

12   Cf. VATTIMO, G.; ROVATTI, P. A. *Il pensiero debole*, 2ª ed. Milano, Feltrinelli, 1984.
13   Cf. BAUMAN, Z. *Uma nuova condizione humana*, Milano, Vita e Pensiero, 2003.

de tolerância forçando a um encaminhamento rumo a uma autonomia plena, de outro, traz o perigo da queda numa forma de agnosticismo, para o qual tudo pode ser homologado, sem a possibilidade de discernir o verdadeiro do falso, o bom do mau.

As razões através das quais se confirma essa tendência são inúmeras e bem diversas: desde a constatação das graves consequências negativas das fortes ideologias — basta pensar nos totalitarismos que marcam a modernidade — até a consideração dos riscos que se correram no passado (e que, em alguns aspectos, ainda se correm hoje) quando se confrontam experiências de fundamentalismo religioso, gerando fanatismo e conflitos que podem inclusive desembocar — como já aconteceu (e continua a acontecer) — no terrorismo.

Entretanto, o motivo mais importante encontra-se na nova percepção do tempo, que se deve aos processos de crescimento tecnológico em curso: o ritmo acelerado com o qual se desenvolvem as transformações, em todos os campos da vida, provoca uma diluição do tempo com a tendência a identificá-lo com uma espécie de "eterno presente" — daí surge a denominação de "presentismo" — que dificulta a relação com o passado em forma de "memória" criativa (não repetitiva) — a distância de eventos mesmo que recentes parece insuperável — e não facilita a abertura ao futuro em termos de planejamento, pois as decisões tomadas hoje podem amanhã parecer totalmente anacrônicas.

2.2 A interpretação filosófica

A pesquisa filosófica nada mais fez do que racionalizar essa experiência. Na raiz do "pensamento débil", vamos encontrar, na verdade, a crise da forma de raciocínio abrangente, homologador e totalizador, que se iniciou com a filosofia de Descartes e foi encontrar sua expressão completa nas grandes narrativas metafísicas, religiosas e ideológicas do século XIX e do século XX, alcançando seu ápice na teoria do iluminismo. Os fundamentalismos religiosos, que se encontraram, muitas vezes, na origem de guerras sanguinolentas, e que ainda persistem (tendo-se inclusive acentuado nas últimas décadas), por um lado, e, de outro, as ideologias totalizantes, que fizeram surgir os regimes totalitários do "século breve" — basta pensarmos no nazismo e no stalinismo —, tornaram evidentes os grandes riscos de um pensamento que busca englobar tudo dentro de um sistema unívoco de interpretação da realidade.

A razão que ora — justamente — está em andamento é a "ideológica", mas a tendência é sempre de coenvolver também a mais recente razão "tecnológica" ou "instrumental", que identifica o "saber" com o "poder" (segundo a conhecida fórmula de Bacon), isto é, com o exercício do domínio nos confrontos com a realidade, e que se propõe, essa também, a abordar a totalidade, conferindo à *téchne* um caráter de fim (e não de simples meio) ou fazendo com que assuma as funções de sujeito — alude-se a isso quando se faz referência ao "grande irmão" — que exerce um senhorio absoluto sobre a consciência do homem transformada em objeto.

Não deixa de ser positivo o fato de terem desmascarado os males produzidos pelo "pensamento forte", que reconduz tudo a uma *ratio* calculista e reificante, a qual, negando a diferença, acaba por nivelar a realidade, reconduzindo-a a estereótipos incapazes de representar toda a sua riqueza (e também quase sempre muito deformadores). A razão da "totalidade", que Levinas opõe à razão do "infinito"[14], é uma razão pressuposta que lança suas raízes no "princípio da identidade", considerado como prin-

---

14 Cf. LEVINAS, E. *Totalità e infinito. Saggio sull'esteriorità* (*Totalidade e infinito. Ensaio sobre a exterioridade*), Milano, Jaca Book, 1980. A razão do "infinito" é uma razão "aberta", que, longe de pretender englobar tudo, contempla a realidade na perspectiva de uma ulterioridade permanente; é uma razão que define (sem circunscrever) e que reenvia, assim, constantemente "para além".

cípio exclusivo, e que, pelo caráter absoluto com que se propõe, pode ser considerada a causa profunda da violência que marcou toda a história do Ocidente.

Mas o "pensamento débil" não se limitou a exercer essa função crítica nos confrontos com as diversas formas totalizantes de razão; elaborou, isso, sim, uma interpretação própria da realidade, tomando impulso, antes de tudo, da contestação radical do conceito de verdade, próprio de todo o pensamento ocidental. As raízes do "pensamento forte", porém, não surgem exclusivamente da modernidade; são buscadas de forma bem mais radical na presunção de poder alcançar a verdade, tanto das metafísicas do "ser" quanto das metafísicas do "eu", que acabaram gerando sistemas fechados e totalizantes.

A esse projeto ambicioso, que acaba homologando qualquer coisa, o "pensamento débil" opõe a importância de se dar espaço à terra, à singularidade de cada um, à verdade do fragmento e ao caráter concreto da vida cotidiana. A escolha dessa via implica, antes de tudo, o abandono de uma concepção "teleológica" da história — a ideologia do progresso de matriz iluminista, da qual surgiu tanto o mito científico-tecnológico quanto as utopias da mudança política, foi buscar suas raízes nesse terreno — e sua substituição com uma visão "cíclica" da história centrada no mito do "eterno retorno". A concepção "linear" (e, assim, evolutiva) do tempo, própria do pensamento ocidental, que tem suas raízes profundamente fixadas na tradição hebraico-cristã — concepção que caracteriza a própria teoria marxista: o "sol do devir" pode ser considerado a versão secularizada do futuro escatológico —, é substituída aqui por uma concepção "circular" (portanto, estática), que acaba negando o devir histórico, reduzindo a realidade a uma espécie de "eterno presente", onde tudo se repete de forma cíclica como uma grande "representação" sempre idêntica a si mesma, e onde, por causa disso, a mudança não passa de aparência.

A consequência dessa interpretação da história — e esse é o segundo pilar do "pensamento débil" — é uma recusa clara da categoria da "dialética" como critério de análise da realidade social e como condição fundamental para produzir hipóteses de mudança. A crítica que se faz ao uso da dialética é radical: a acusação é de ter sido (e onde ainda persiste, de continuar sendo) a causa dos graves conflitos que marcaram a modernidade. A convicção de que a realidade pode ser modificada dá lugar ao desenvolvimento da *hýbris*, ou seja, favorece o crescimento de uma forma de onipotência que não hesita em adotar qualquer recurso (inclusive a própria violência) para conseguir o que deseja.

Às aventuras "trágicas" da "dialética", o "pensamento débil" opõe as aventuras da "diferença" — é o título de um importante ensaio de Gianni Vattimo[15] —, abordando uma categoria — a categoria da diferença, portanto — que nasce de uma consideração da realidade como conjunto de inúmeros pequenos mundos fechados em si mesmos, que convivem um ao lado do outro — não por acaso, houve quem definiu o "pensamento débil" como uma forma de neonominalismo — como as múltiplas ilhas de um arquipélago, por isso, sem possibilidade de uma verdadeira comunicação e muito menos de mudança. A interpretação da realidade, segundo essa categoria, enquanto implica o abandono de qualquer tentativa de apreensão ou de assimilação do outro, cria as condições para o exercício de posturas e de comportamentos conformados com o respeito e a tolerância e favorece, consequentemente, o surgimento de formas de realização tranquilas e pacíficas.

O niilismo dessa visão não tem as feições trágicas como o niilismo nietzschiano e o existencialista; trata-se de um niilismo ferial, pacífico, portanto, "débil", seja porque as questões

---

15   VATTIMO, G. *Le aventure della differenza. Che cosa significa pensare dopo Nietzsche e Heidegger*, Milano, Garzanti, 2001.

PRIMEIRA PARTE

inquietantes que ressoavam nas consciências no período entre as duas grandes guerras, quando questões sobre o "fundamento" ou o "sentido" ainda se faziam fortemente presentes, acabaram se tornando raras, seja porque os resultados dramáticos das ideologias fizeram surgir uma forma de resignação pós-ideológica, que vai se repetindo dia após dia, forçando o homem a agir exatamente conforme aquilo que a vida lhe oferece (trata-se do *carpe diem* de Horácio), sem se entregar a grandes projetos e sem nutrir-se de vãs ilusões.

A Babel pós-moderna, porém, caracterizada por uma forma de pluralismo acentuado não só no âmbito ideológico e cultural como também no nível ético, vai fragmentando radicalmente a existência, anulando a possibilidade de retraçar valores comuns em torno dos quais se poderia criar consenso, e, com mais razão ainda, torna impossível a busca pela verdade. Por outro lado, a complexidade social, que nutre as diferenças e multiplica as filiações, acaba provocando o enfraquecimento do "eu" como sujeito racional estável e seguro — ele acaba sendo reduzido (essa é a interpretação dada pelas ciências humanas) a um epifenômeno de processos externos, com o total aniquilamento de seu mundo interior — conduzindo o agir humano a colocar completamente entre parênteses a busca da identidade para limitar-se ao simples acolhimento do que é múltiplo e fragmentário.

A ética que nasce dessa visão seguramente não poderá ser uma "ética forte", voltada à busca de fundamentação; é uma ética radicalmente historicizada, preocupada em formular, a cada vez, respostas circunstanciadas à diversidade das situações, tendo ciência de sua provisoriedade, e, portanto, com a atenção a uma constante reformulação. É uma ética "débil", que não tem (e não pode ter) nenhuma presunção de absoluto, visto estar empenhada unicamente a afrontar a complexidade da realidade, abandonando qualquer pretensão de soluções definitivas. Todavia, é, acima de tudo, uma ética que, partindo do pressuposto do respeito ao outro e aceitando-o em sua diversidade, cultiva uma série de atitudes positivas que acabam culminando na *pietas*, compreendida como capacidade de voltar-se para quem está ao nosso lado, considerando-o como parte de nosso próprio destino.

2.3 Dos "valores" às "regras"

O resultado desse redimensionamento da ética, confirmado por outro lado pelas posições ainda mais radicais da filosofia analítica[16], é a recusa de levar em consideração qualquer instância metaética, para ater-se ao mero nível "procedural", com a única

---

16   Um pilar fundamental do pensamento filosófico moderno e contemporâneo, que mereceria ser questionado em paralelo com o niilismo, para se compreender a crise da ética de hoje, encontra-se na filosofia analítica, que tem raízes neopositivas. O percurso se caracteriza por fases sucessivas que levam à negação, em todos os aspectos, da possibilidade da ética como uma disciplina capaz de orientar, a partir de instâncias essenciais, o comportamento humano. Assim, parte-se de uma *primeira fase*, em que se exercita a "importância do discurso ético" (as proposições de validez e normativas são consideradas não dotadas de significado), a uma *segunda fase*, em que se deve contestar a "argumentação ética", considerada como se não tivesse plausibilidade, uma vez que não consegue definir os critérios de validade. O pressuposto de onde parte a filosofia analítica é a clara separação entre a análise do significado das afirmações morais ("metaética") e a "ética normativa". As normas e os juízos de valor, que constituem as afirmações ético-paradigmáticas, não se submetem aos critérios de "verificação" e de "significação", sendo, portanto, informações completamente imotivadas. Para um aprofundamento dessas posições, cf. ANTISERI, D. (ed.), *Filosofia analitica. L'analisi del linguaggio nella Cambridge-Oxford philosophy*, Roma, Città Nuova, 1971; EGIDI, R. et al. (ed.), *Normatività, fatti e valori*, Macerata, Quodlibet, 2003; GAVA, G.; PIOVESAN, R. (eds.), *La filosofia analitica. Antologia di scritti*, Padova, Liviana, 1972; SGARBIA, G.; PENCO, C. (eds.), *Alle radici della filosofia analitica*, Genova, Erga, 1996. Cf. MEYER, M.; BOUVERESSE, J. *La philosophie anglo-saxonne*, Paris, Presses universitaires de France, 1994; BELL, D.; COOPER, N. (eds.), *The analytic tradition. Meaning, tought and Knowledge*, Oxford–Cambridge/MA, B. Blackwell, 1991.

preocupação de fixar "regras" que assegurem uma correta articulação das relações sociais.

Nesse contexto, as teorias que tomam a dianteira e vão adquirindo um desdobramento crescente são as teorias utilitaristas, cujo critério de avaliação não precisa recorrer a um quadro de valores e pode ser confirmado simplesmente com os níveis de verificável e de pragmaticamente controlável: para o utilitarismo, a moralidade se identifica, pois, com aquilo que é útil; em outros termos, com o que permite alcançar a máxima utilidade possível. Não se trata de uma retomada *tout court* do utilitarismo clássico — o utilitarismo de Bentham e de Stuart Mill[17] —, mas de uma reinterpretação deste, com vista a transformá-lo em uma teoria da escolha racional — baseada em critério da racionalidade instrumental — voltada a atender o interesse coletivo, apoiando-se no princípio da imparcialidade, e por isso vem ancorado na escolha de um código moral centrado em imperativos hipotéticos, aos quais é necessário conformar a conduta[18].

---

17   O utilitarismo clássico de J. Bentham e de J. Stuart Mill nasce de exigências práticas, que emergem, tanto em nível ético quanto jurídico, num âmbito estritamente normativo. Para Bentham, o utilitarismo consiste, pois, num sistema de ética normativa consequencialista, combinada com uma ontologia moral hedonista, que se espelha no princípio de utilidade e que adota, assim, como critério a "máxima felicidade para o maior número de sujeitos". O objetivo de fundo é, portanto, a maximização do bem-estar individual e coletivo. Cf. BENTHAM, J. *Principi della morale e della legislazione*, a cura di E. Lecaldano, Torino, UTET, 1988; ID. *Deontologia*, Scandicci, La Nuova Italia, 2000. A abordagem de Stuart Mill é mais cautelosa; ele realmente limita a função do princípio de utilidade à justificação das normas e à solução dos casos de conflito, introduzindo, ademais, a tese segundo a qual os prazeres devem ser diferenciados segundo sua qualidade. Cf. STUART MILL, J. Utilitarismo, in: LECALDANO, E. (ed.), *La libertà, l'utilitarismo, l'asservimento delle donne*, Milano, Fabbri, 1999. Para uma visão global sobre o utilitarismo clássico, cf. FAGIANI, F. *L'utilitarismo clássico*, Napoli, Liguori, 2000.

18   Cf. HARSANYI, J. Ch. *Comportamento razionale ed equilibrio di contratazione*, Milano, Il Saggiatore, 1985. Cf. SEN, A.; WILLIAMS, B. *Utilitarismo e oltre*, a

NIILISMO E NIILISMOS

Numa outra perspectiva — em alguns aspectos, inclusive oposta[19] —, oriunda de uma "pré-compreensão" comum, surgem as "teorias da justiça", que encontram seu expoente mais qualificado em J. Rawls. Como uma reação à pesquisa metaética (considerada inconclusiva), e preocupando-se com a formulação de uma ética normativa como alternativa das teorias utilitaristas, ele articula seu sistema como construção de "princípios universais", colocando-os como base do juízo moral — aqui, a universalidade não tem o perfil de um caráter metafísico absoluto; baseia-se simplesmente na consideração de que, em circunstâncias análogas, seríamos induzidos a formular o mesmo juízo. Em outros termos, trata-se de uma espécie de "gramática profunda" contraposta à "gramática ordinária" (na concepção da linguística de Chomsky), na qual a elaboração dos "princípios de justiça" é fruto de um procedimento contratual exercido pelas partes contraentes num "posicionamento originário" hipotético. A busca de Rawls é a busca de um acordo sobre regras do que é "justo", colocadas como base do "esquema de cooperação", próprio da sociedade em que se encontra e vive.

A imparcialidade dos procedimentos é assegurada pelo "véu da ignorância", que impede às partes contraentes de saber quais serão as posições sociais que vão ocupar e qual será sua concepção particular do bem, enquanto há necessidade de recorrer a essa deriva do reconhecimento de que tanto a bene-

---

cura de S. Veca, Milano, Saggiatore, 1984; MUSACCHIO, E. *Gli indirizzi dell'utilitarismo contemporaneo*, Bologna, Cappelli, 1981.

19 Segundo alguns, as "teorias da justiça" constituem a *terceira fase* de desenvolvimento da filosofia analítica, e surgiram como uma alternativa ao utilitarismo, que é criticado tanto porque nega a existência de um problema verdadeiro de justiça como pelo fato de não considerar os direitos como irredutíveis em si. Nesse caso, também, reduz-se a possibilidade de, por meio da razão, se alcançar o reconhecimento de um quadro de valores de fundamentação do agir moral.

volência quanto os recursos são limitados. O pluralismo ético, por meio do qual surgem concepções muito distintas do "bem", obriga a dar prioridade ao "justo", compreendido na concepção de "equitativo", com uma atenção especial à importância que reveste o respeito das "diferenças". É importante assinalar que Rawls não renuncia completamente a referir-se ao "bem": na última fase de seu pensamento[20], a ideia que surge, que brota, constitui uma novidade em relação a sua concepção originária, é a admissão do "conceito de intersecção" que pode ser criada em torno de uma concepção "débil" do bem, da qual não se pode separar o "justo", mesmo que persistam motivações diversas radicadas em pressupostos metaéticos diversos[21].

Contudo, apesar das tentativas do neocontratualismo de Rawls de postular uma ideia do "bem", que deram ensejo a um determinado fundamento de valores como base da ética normativa — é evidente aqui a influência da filosofia de Kant —, e até reconhecendo ao neoutilitarismo e ao neocontratualismo interessantes reivindicações teóricas e indicações concretas para resolver questões de grande alcance para a condução da vida social, é evidente que sua presença sempre mais massiva no cenário filosófico acaba denunciando a crise de uma ética fundada em valores e a tendência de substituí-la através de uma ética de ordem meramente sociológica, carente, assim, de um vínculo verdadeiro.

Ao se instituir uma clara separação entre a análise dos significados das várias afirmações morais ("análise metaética") e a ética normativa, que assume — como foi dito — a preponderância ao ponto de se tornar objeto exclusivo da reflexão moral,

---

20 Cf. RAWLS, J. *Liberalismo politico*, a cura de S. Veca, Milano, Edizioni di Comunità, 1994.
21 Para um aprofundamento de seu pensamento a respeito, cf. RAWLS, J. *Una teoria della giustizia*, Milano, Feltrinelli, 1999; ID. *Dalla giustizia come equità al liberalismo politico*, a cura de S. Veca, Torino, Edizioni di Comunità, 2001.

fica subentendida na realidade a tendência a avaliar a ação moral em termos de mera "facticidade", reduzindo a racionalidade ética à lógica indutiva, que forma a base das ciências naturais. A identificação da retitude da ação (*rightness*) com a bondade das consequências (*goodness*), que consiste na maximização do prazer (a "maior felicidade para o maior número de sujeitos") — esse é o posicionamento dos utilitaristas —, ou com a elaboração de "regras" de conveniência, pactuadas por meio do contrato social, para criar as condições de uma convivência ordenada — é a tese do contratualismo —, destitui a ética de toda e qualquer instância fundamentadora, dissolvendo consequentemente seu caráter próprio.

3 A exigência de um modelo alternativo

A crítica aos limites da perspectiva apresentada não deve nos deixar esquecer os aspectos de verdade que se fazem presentes nela. A proposta de duvidar de um sujeito racional forte e de uma racionalidade hipertrofiada — a ideológica e instrumental — é aceita sem reservas. Não se deve deixar de considerar as razões do "niilismo". Elas nos remetem, de fato, a aspectos reais da experiência humana e exprimem, sobretudo, o estado de inquietação que atravessa o atual estágio da pós-modernidade, na qual está em jogo de forma radical a identidade do sujeito, exaltado em sua centralidade e ao mesmo tempo desconsiderado em sua peculiaridade e ameaçado em sua possibilidade de expressão em razão das exigências objetivistas da ideologia, da ciência e da técnica.

É necessário, portanto, medir forças com as razões do "pensamento débil", mas evitando entregar-se a seus limites. Em outras palavras, é preciso recuperar uma forma de razão menos arrogante e mais sóbria do que a do "pensamento forte", sem que isso represente uma renúncia da busca pelo sentido e pela verdade; uma razão fiel, em última análise, ao caráter concreto das situações e, por isso, incapaz de se haver com a finitude humana, mas ao mesmo tempo aberta a uma visão mais ampla da realidade projetada na direção de sua superação.

3.1 A recuperação da pessoa e da relação

A possibilidade de restituir ao sujeito a sua centralidade, sem correr o risco de uma subjetivização radical, que desemboca (e não pode não desembocar) num relativismo ético radical, está ligada, acima de tudo, à recuperação do conceito de "pessoa", que assumiu em nossa época uma nova atualidade, a tal ponto que — como observa paradoxalmente Paul Ricoeur — o fim do personalismo coincide com o "retorno da pessoa"[22]. Esse conceito emerge transversalmente no âmbito de diversas escolas filosóficas como motivo inspirador de uma ética que tende a conjugar a atenção dada à subjetividade com o respeito ao dado objetivo; isso tende a instituir uma estreita relação entre a exigência de uma referência estável e a atenção à individualidade do sujeito e à particularidade própria da situação, reconhecendo, assim, ao discurso ético uma relatividade constitutiva (que não se identifica com o relativismo).

O que se busca com isso é a superação tanto de uma fundação "metafísica" da ética, que toma as feições de uma restrição infecunda, quanto a renúncia a qualquer fundamentação, que tem como resultado a queda numa perspectiva meramente procedural. A pessoa é realmente — como vem definida por Max Scheler — o "sujeito dos valores" (*Wertträger*), "uma entidade

---

22 RICOEUR, P. *Meurt le personnalisme, revient la personne*, in: *Esprit* 52 (1/1983), 113-119.

concreta na qual se incorpora o valor"[23]. Enquanto tal, a pessoa jamais estará totalmente definida e pronta, mas se mostra como uma instância dotada de uma identidade originária precisa, só que em constante devir; ela traz consigo a sua própria dignidade inalienável; contudo, ao mesmo tempo, é uma realidade *in fieri*, projetada constantemente para diante rumo a uma autorrealização permanentemente aberta. Os caráteres de absolutismo e de relatividade, de imutabilidade e de mutabilidade que marcam a ética vão encontrar aqui seu verdadeiro fundamento.

Por outro lado, contrariamente ao indivíduo, a pessoa é constitutivamente um sujeito aberto ao outro e à sociedade. O ponto central que a qualifica — é o que nos lembra Emmanuel Mounier — é a ideia do homem-que-não-se-separa, ou seja, do homem que se encontra para além da individualidade abstrata. Para Mounier, a pessoa é propriamente o lugar do encontro entre singularidade e comunidade; é um dado real que se exime de uma definição conceitual, apresentando-se como algo sumamente unificador. É por isso que denota um caráter essencialmente ético, implicando uma atividade de autocriação, de comunicação e de adesão que só se reflete no cumprimento concreto da ação[24].

Os dois polos em direção aos quais se vê tensionada a pessoa — indivíduo e sociedade — são, ambos, essenciais à sua constituição; esta, porém, não pode ser reduzida nem a um nem a outro polo, pois é o resultado da interação recíproca de

---

23   SCHELLER, M. *Il formalismo nell'etica e l'etica materiale dei valori. Nuovo tentativo di fondazione di un personalismo etico*, Cinisello B., San Paolo, 1996.

24   Cf. MOUNIER, E. *Manifesto al servizio del personalismo comunitario*, Cassano–Bari, Ecumenica, 1975, 68. Nesse sentido, a noção de pessoa de Mounier se distancia tanto da definição objetiva de cunho racionalista quanto do subjetivismo transcendental dialético e projetivo. A pessoa é na realidade tomada em sua unicidade e em sua materialidade como sujeito histórico projetado numa dimensão de abertura transcendente.

ambos. Isso significa que personalização e socialização se desenvolvem numa estreita correlação. Entretanto, torna-se importante salientar que a verdadeira personalização se exerce apenas onde o sujeito, descobrindo dentro de si o apelo ao ser, o acolhe, respeitando em seu crescimento as fases e os graus propostos por esse apelo; enquanto, por seu turno, a verdadeira socialização se dá apenas quando se faz a superação para além da massa, passando, assim, do anonimato para a "comunidade", contexto em que se verifica o reconhecimento recíproco entre pessoas que se respeitam em sua identidade.

A ética, que lança suas raízes na afirmação do valor absoluto da pessoa (e de sua dignidade inestimável), encontra, assim, sua realização própria e plena apenas onde se dá o encontro com o outro, considerado como "tu"; ali onde, em outras palavras, se constitui uma relacionalidade interpessoal, que coloca cada um na tarefa de promover sua própria identidade, tornando-se aquilo que é[25]. A tradicional ontologia do "bem" que se impõe a partir do exterior, sem o envolvimento efetivo do sujeito humano, vem substituída por uma ontologia relacional, que transforma, assim, a ética — como observa Levinas — numa "filosofia primeira", cujo estatuto é constituído pela imperatividade do "rosto" do outro, o qual, a partir de sua própria alteridade e de sua indigência, retribui a quem o aborda com sua interpelação radical[26].

---

25 Uma perspectiva de ordem ética análoga pode ser encontrada também no pensamento de Martin Buber, onde a relação eu-tu assume um caráter decisivamente normativo, de modo a se propor como um paradigma ideal de toda e qualquer realização humana (cf. BUBER, M. *Io-tu. Il principio dialogico e altri saggi* [Eu e tu. O princípio dialógico e outros ensaios], Cinisello B., San Paolo, 1999).

26 Cf. LEVINAS, E. *Totalità e infinito. Saggio sull'esteriorità.* (Totalidade e infinito. Ensaio sobre a exterioridade), Milano, Jaca Book, 1980; ID. *Altrimenti che essere o Al di là dell'essenza* (Outramente que ser ou mais-além da essência), Mi-

3.2 Corporeidade e natureza como referências ineludíveis

O apelo à pessoa e à relação nos permite criar um modelo flexível de ética, capaz de adaptar-se à variedade das situações, conservando em nível formal o seu caráter absoluto. Contudo, não basta o aspecto formal; na falta de conceitos precisos, corre-se o risco de acabar topando com a impossibilidade de um sério confronto entre culturas diferentes, cuja existência no mesmo território exige que se esboce um terreno comum com base no qual se deve definir as opções da vida coletiva.

J. Habermas identificou no "agir comunicativo o caminho adequado para estabelecer essa convergência, sublinhando a centralidade que se deve dar à relação interpessoal e salientando que a ideia de sociedade moderna difere da comunidade tradicional pela presença de códigos de comportamento inspirados em princípios universais e racionais[27].

Se, por muitos aspectos, no terreno da práxis, isso acaba encontrando plausibilidade de verdade (embora persistam diversas linhas de tendência oposta), isso não se mostra satisfatório no plano teórico; por isso, a necessidade de estabelecer um fundamento mais sólido. O que exige esse processo não é apenas a questão já mencionada (e bastante relevante) do confronto intercultural, mas, antes e sobretudo, a necessidade de se fixar um limite intransponível às diversas formas de manipulação possibilitadas pelo progresso tecnológico, especialmente no campo biomédico. Uma referência imprescindível aqui é o

---

lano, Jaca Book, 1983. Uma preciosa introdução à ética de Levinas pode ser encontrada em FERRETTI, G. *La filosofia di Levinas. Alterità e transcendenza*, Torino, Rosenberg & Sellier, 1996. Cf. também CIGLIA, F. P. *Voce di silenzio sottile. Sei studi su Levinas*, Pisa, ETS, 2013.

27 Cf. HABERMAS, J. *Teoria dell'agire comunicativo* (Teoria do agir comunicativo), Bologna, Il Mulino, 1986, 98-104.

PRIMEIRA PARTE

recurso à corporeidade e ao corpo, isto é, uma visão que interconecte estreitamente o aspecto subjetivo (*o corpo que sou eu*) e o dado objetivo (*o corpo que tenho*) e a consequente recuperação de uma concepção dinâmica da "natureza" como realidade "transcultural" (ou "metacultural"). Como observa de maneira muito acertada E. Berti:

> Algo em que talvez seja necessário se aprofundar de maneira definitiva hoje, de um ponto de vista filosófico, é o conceito de natureza humana, universalmente pressuposto, apesar de suas negações empreendidas pelo historicismo e pelo cientificismo. Nem sempre foi compreendido, portanto, que esse está indissoluvelmente ligado ao conceito de vida humana, por meio do qual a natureza humana qualifica o sujeito como pessoa desde o instante em que essa começa a viver[28].

Enquanto se fundamenta na realidade da "pessoa" e da visão do corpo que aqui é referida, a "natureza" assume o caráter de uma espécie "transcendental", que, fazendo referência às estruturas profundas do humano enquanto humano, permite que todas as culturas se reconheçam por meio de algo que seja comum, colocando à disposição — e essa é a instância delineada por Habermas[29] — um parâmetro objetivo de valorização tanto dos processos culturais quanto das diversas formas de manipulação exercidas pelo homem.

Quando se busca responder de modo adequado às provocações do niilismo — seja o niilismo mais radical, seja o mais pacifi-

---

28 BERTI, E. Il concetto di persona nella storia del pensiero, in: Vv.AA. *Persona e personalismo. Aspetti filosofici e teologici*, Padova, Fondazione Lanza–Gregoriana Libreria Editrice, 1992, 72.

29 Cf. HABERMAS, J. *Il futuro della natura umana. I rischi di una genetica liberale*, Torino, Einaudi, 2002.

cado e ferial do "pensamento débil" da atualidade — e superar ao mesmo tempo a tendência hoje recorrente de manter-se preso a uma ética sociológica como "ciência dos costumes", o modelo ético que será necessário desenvolver é um modelo personalista, em sentido robusto. Um modelo que tem seu próprio limite objetivo na "pessoa" — em sua identidade corpórea e espiritual constitutiva e em sua valência relacional que a constitui —, o próprio centro fundamental, e também na "natureza", enquanto "natureza pessoal" — e nesse sentido é preferível falar de *humanitas*[30]. O processo de interação dos conceitos de pessoa, corporeidade e natureza é, portanto, o caminho que se deve trilhar para possibilitar que a ética se liberte do caráter metafísico abstrato do passado e da tentação de um relativismo radical.

---

30 Cf. a propósito PIANA, G. *Si può ancora parlare di "natura"? Considerazioni antropologico-etiche*, in: *Aggiornamenti sociali* 56 (9-10/2006), 679-689.

Segunda parte
Corpo e natureza
— as diretrizes
de uma ética situada

O objeto da segunda parte deste livro é a reflexão sobre as categorias do "corpo" e da "natureza", onde se concretizam as dimensões mais significativas da realidade da "pessoa". A primeira abordagem se volta para o corpo, para a sua ambivalência, mas, sobretudo, para a sua capacidade de tornar-se fator promocional de uma ética "situada". O percurso evolutivo das interpretações do corpo evidencia a complexidade dos significados que o caracterizam: desde o mais tradicional — o corpo "pensado" nas variantes dualistas e monistas — até o significado mais recente, de filiação fenomenológica e existencial, que considera o corpo, ou, melhor, a corporeidade — o corpo "vivido" — como o âmbito em que se refletem e se interseccionam as dinâmicas do viver.

A passagem da primeira para a segunda concepção, que implica positivamente a superação do corpo-objeto (o corpo que temos) e a afirmação do corpo-sujeito (o corpo que somos), corre o risco de esvaziar o corpo de sua espessura material, de seu aspecto físico. É necessário, portanto, a reconciliação dos dois polos, que só poderá ocorrer onde se abre espaço para uma perspectiva simbólica, capaz de acolher a diversidade num horizonte permanentemente aberto. A partir dessa visão, que engloba a pessoa em suas possibilidades e em seus limites, provém

segunda parte

o modelo de uma ética "situada", que não deixa de exigir a tensão dos valores, mas, ao mesmo tempo, leva em consideração o caráter concreto das situações, tendo em vista o que é realmente possível (capítulo 2).

O ensaio que se segue aborda a questão da "natureza" (e da "lei natural"), destacando, sobretudo, a ausência de atualidade dessa categoria, mas demonstrando ao mesmo tempo a atualidade da instância que se vela por trás dela, que permite percorrer novamente as etapas de seu desenvolvimento histórico, tanto no âmbito do pensamento filosófico greco-romano quanto no âmbito do pensamento da tradição hebraico-cristã. O que se vê surgir é uma visão dupla (e inconciliável): para alguns, a natureza é reconduzida a um dado meramente físico-biológico, enquanto outros relevam seu aspecto racional (e, portanto, cultural) como o fator constitutivo de sua especificidade.

A tensão entre essas duas concepções hoje é muito evidente. Contudo, também é evidente a possibilidade de superação através das contribuições oriundas do personalismo. A ideia de "pessoa" implica em si mesma a instituição de uma relação estreita entre "natureza" e "cultura", concedendo a essa última uma importância decisiva em relação à definição da primeira. O que qualifica a natureza "humana", então, é o dado cultural, que, no entanto, não exclui (antes, exige) a referência a uma infraestrutura originária, uma informação que interage dialeticamente com a possibilidade transformadora. É por essa perspectiva que se reinterpreta o conceito de "lei natural", uma categoria essencial da ética, destinada a assegurar um fundamento real, evitando tanto a natureza abstrata da metafísica quanto o decaimento num relativismo radical (capítulo 3).

Capítulo 2
A ambivalência do corpo e seu caráter simbólico

Apesar da conquista de novos (e importantes) significados que permitiram uma reavaliação decisiva do corpo, na reflexão filosófica e cultural, esse continua sendo avaliado com base em uma consistente ambiguidade, dificultando muito sua abordagem e abrindo espaço para tentações opostas tanto por meio de sua exaltação quanto de sua anulação. Se, por um lado, hoje assistimos a um revide do corpo, como reação, justificado a uma cultura repressiva do passado, que o havia mortificado exaustivamente, expropriando-o de sua dignidade, por outro lado, em seus enfrentamentos, não falta uma postura de medo desestabilizante, oriundo da consciência de sua precariedade e vacuidade. O corpo exaltado, no contexto cultural atual, é o corpo "belo", "sadio", "do desempenho"; enquanto o que deve ser ocultado (ou removido) é o corpo "deformado", "doente", "carente de energia", isto é, o corpo que manifesta a caducidade do humano e no qual se torna visível, de maneira patente, o ser-para-a-morte como destino da condição do homem no mundo.

A cultura da subjetividade, que se desenvolveu a partir dos anos 1980 do século XX, no Ocidente, em função da convergência de diversos fatores — nisso, o feminismo seguramente desempenhou um papel decisivo —, enfatizando a dinâmica das necessidades e as potencialidades indefinidas do desejo humano, fez do corpo o "lugar" de máxima expressão da onipotência in-

seGUNDa ParTe

dividual, enquanto, por seu lado, a mentalidade técnico-científica — outro pilar do cenário cultural atual — vivisseccionando-o em seus aspectos estruturais e acentuando o poder do homem sobre si, acabou alimentando a ilusão de que seria possível transformá-lo num elemento eterno.

Entretanto, "onipotência" e "eternidade" do corpo se contrapõem fortemente com a constatação de seu "esfacelamento" natural, que, ainda mais que no passado, assume o caráter de "lance intolerável", portanto, de realidade que é radicalmente removida, visto gerar um estado de medo existencial totalmente paralisante. O que se está produzindo, então, é uma espécie de "círculo vicioso" entre medo e anulação, no qual o medo leva à anulação, e a anulação, por seu lado, se presta apenas a aumentar o medo, seguindo uma dinâmica espiral. A ambivalência (ou ambiguidade) do corpo aflora ainda hoje em toda a sua consistência como um fator constitutivo (e insuperável) de sua própria identidade.

Partindo do reconhecimento desse dado, vamos refazer brevemente o percurso histórico do pensamento ocidental, evidenciando os limites das interpretações produzidas por esse pensamento [1] e recuperando os significados subjetivos do corpo — a ligação profunda que existe entre corpo e pessoa — à luz da mais recente leitura fenomenológico-existencial [2], para focalizar sucessivamente alguns elementos centrais críticos dessa interpretação [3], procurando superá-los mediante a adoção de uma perspectiva "simbólica", capaz de restituir ao corpo a abertura que lhe pertence originariamente [4], além de buscar razões, sobretudo, dos aspectos de "possibilidade" e de "limite" que definem o espaço dentro do qual se desenvolve o agir humano, e fornecendo as bases para um modelo de ética "situada" [5].

1 As interpretações redutivas do corpo no pensamento ocidental

Há muito tempo a cultura ocidental já vem sendo caracterizada (e, em parte, continua) por uma visão dualista da realidade, que se estendia do âmbito religioso até o âmbito cósmico e antropológico, de onde provinha uma desvalorização total do corpo. A tendência de identificação da realidade com o mundo das ideias, do espírito, do valor, entre outros fatores, acabou por expropriar a matéria, as coisas e os corpos de consistência e de significado próprios. Essa visão, que lança suas raízes sobretudo no pensamento grego — em especial, no platonismo[1] —, em seguida, acabou se consolidando graças aos desdobramentos da tradição cristã dos primeiros séculos; essa tradição, tendo abandonado a concepção unitária do homem presente na Bíblia, se apropriou da rígida divisão entre matéria e espírito e entre alma e corpo, apanágio de diversas correntes

---

[1] Uma interessante interpretação das origens dessa visão, no pensamento de Platão, pode ser encontrada em Umberto Galimberti: "O conceito de alma, que é introduzido no pensamento ocidental pela filosofia de Platão — escreve ele —, longe de ser uma realidade, é um *produto lógico* derivado da dialética disjuntiva da sua filosofia, que, eliminando o símbolo, colocou a verdade do homem na imutabilidade do céu (*huper ouranós*), com a consequente redução da eternidade da Terra a um puro nada (*mè òu*). É o fim da ambivalência e o nascimento do valor puro (*tò Agatòn*), que, em sua idealidade, dá a medida de valor de todas as *encarnações*. *A ambivalência simbólica que não conhece valores ou desvalores* se apossa do *equivalente geral* que mensura a todos. É aqui que o Ocidente encontrou o desenho fundamental de todos os seus percursos posteriores, onde as coisas existentes perderam seu nome, obrigadas a recitar indefinidamente o nome do valor que as representa... Privadas de seu corpo, as coisas já não espelham mais umas às outras, não criam intercâmbio mútuo, e vão se "espelhar" todas naquele esquema transcendente, que é o equivalente geral que expressa a todas, visto ser seu valor e sua verdade transcendente" (GALIMBERTI, U. *Il corpo. Antropologia. Psicoanalisi. Fenomenologia*, Milano, Feltrinelli, 1983, 25 s).

culturais que, à época, se consolidaram no âmbito da bacia do Mediterrâneo[2].

Nos primórdios da modernidade, quem repropôs essa visão dualista da realidade foi Descartes. Para ele, o corpo não passa de substância "extensa" (*res extensa*), a qual, identificando-se com a matéria e sendo consequentemente subordinada às leis da realidade material, se opõe à atividade especificamente humana, o *cogito*; atividade essa que é possível realizar apenas eliminando a corporeidade. Por um lado, se dá, assim, a total separação entre pensamento e corpo — o *cogito* é fruto de uma consciência de si mesmo que está fora do espaço e do tempo, ou seja, que prescinde das categorias da corporeidade —, e, por outro, uma visão do corpo como realidade totalmente "externa" ao sujeito, só passível de ser percebida como tal enquanto distância em relação ao eu. A filosofia cartesiana não implica, dessa forma, apenas a subvalorização do corpo, mas representa de forma ainda mais radical a tentativa de propor uma salvação do indivíduo apesar dos limites do corpo, considerando possível sua superação completa através da transcendência do *cogito*[3].

A crise em que se envolveram sucessivamente as várias formas de dualismo está ligada sobretudo à constatação de que este pressupõe uma definição abstrata da realidade aprioristicamente determinada; uma definição feita de um lugar mais elevado, que prescinde do contato vivo com o dado sensível e que reduz, assim, o corpo a "corpo pensado", abstraindo-se de sua espessura real histórico-concreta e de sua dimensão espaçotemporal. Assim, o corpo se manifesta como sublimado em sua essência, sendo redu-

---

2   Pode-se encontrar uma excelente síntese do pensamento bíblico em: PENNA, R. *Corpo e storia*. *Luoghi della rivelazione biblica*, in: *Hermeneutica*, 2007 (Corpo e persona), 201-223.

3   Cf. DESCARTES, R. *Meditazioni metafisiche* (Meditações metafísicas), Brescia, La Scuola, 1974.

zido, nesse sentido, a um fator negativo e regressivo, que encobre o espírito onde se dá a verdadeira identidade humana, impedindo, desse modo, o homem na busca de sua própria realização.

A superação do dualismo ocorreu nos séculos XVIII e XIX por meio da adoção de duas formas de monismo — o monismo materialista e o monismo espiritualista —, que paradoxalmente chegam ao mesmo resultado: a objetivação do corpo, sua total expropriação do âmbito da subjetividade humana. No primeiro caso — o do monismo materialista —, a posição filosoficamente mais rigorosa é a de L. Feuerbach, que, identificando a "naturalidade" do ser humano com a materialidade biológica, vê na dinamicidade da essência corpórea a sua raiz: assim, o corpo expressa a totalidade do homem, sendo a razão da ambivalência da qual ele sofre e do aniquilamento trágico a que se vê destinado[4].

Todavia, as posições mais radicais a esse respeito vêm expressas na França a partir do século XVIII — basta lembrar a tese defendida por La Mettrie[5] —, postulando o *corpo-máquina* (e, consequentemente, o *homem-máquina*), ou seja, reduzindo a vida à exterioridade corpórea ou à simples potencialidade da matéria. O abandono do dualismo é fruto da recondução de toda a realidade, inclusive do próprio homem, a bases materiais e biológicas; baseia-se no recurso a uma antropologia naturalista que reduz a alma a uma simples função do corpo e o cérebro a um mero órgão corpóreo que tem como propriedade a atividade de pensar. Como "natureza", o homem explica-se lançando mão do mundo, e seu agir é consequência de leis "mecânicas" (e deterministas) que excluem, assim, qualquer forma de consciên-

---

4 Cf. FEUERBACH, L. *Scritti filosofici* (Escritos filosóficos), a cura de C. Cesa, Roma–Bari, Laterza, 1966. Considerações muito interessantes sobre esse aspecto do pensamento de Feuerbach podem ser encontradas em CASINI, L. *Storia e umanesimo in Feuerbach*, Bologna, Mulino, 1974.

5 LA METTRIE, J. O. de. *Opere filosofiche*, a cura de S. Moravia, Roma–Bari, Laterza, 1978.

seGunDa parte

cia, de vontade e de criatividade, concebendo-as como funções meramente orgânicas ou fisiológicas.

A negatividade dessas teses não se deve apenas à objetivação inevitável do corpo — nesse sentido, o monismo material está em perfeita sintonia com as posições dualistas —, mas, também, e sobretudo, à dissolução do homem no nada.

Se realmente (no caso do homem-máquina) — escreveu G. M. Tortolone — a importância do corpo for inegável, igualmente inegável será a sua objetivação, que acaba reduzindo-o ao nível geral da matéria, a dissolução do homem/corpo em leis, matéria e movimento [...]. Decomposto e recomposto em seus elementos, o corpo se anula em si mesmo, tornando-se em síntese acidental das variações dos estágios singulares da matéria. E é sob essa aparente objetividade que o nada se propõe como o verdadeiro fundamento do devir do ser em geral[6].

Por outro lado — na versão do monismo espiritualista, que tem sua máxima expressão no *espiritualismo francês* do século XIX[7] —, onde a realidade, de onde surge e se legitima toda e qualquer atividade humana, é a consciência ou a alma, o *corpo-imagem* (como é definido) não passa de uma máscara do real, plenamente redutível ao *a priori* da matéria. Bem distante de gozar de autonomia própria, a dimensão corpórea se vê relegada a um nível secundário, tendo como função única provar a necessidade da alma. Também nesse caso, o corpo é relegado ao mundo dos objetos, das "coisas", e assim é destituído de qualquer validade subjetiva.

As posições reducionistas descritas — sobretudo a de cunho materialista —, muito distantes de terem sido definitivamente res-

---

6   TORTOLONE, G. M. *Il corpo tentato. Per un discurso sull'uomo*, Genova, Marietti, 1988, 82 s.

7   Cf. sobretudo COUSIN, V. *Du Vrai, du Beau e du Bien*, 7ª ed. Paris, Didier, 1858.

A AMBIVALÊNCIA DO CORPO...

tritas, no século XX (e isso continua ocorrendo nos dias atuais), recompuseram suas energias no âmbito científico graças aos desdobramentos da sociobiologia e das neurociências, que propuseram novamente uma abordagem positivista e fisicista ao corpo, tendendo a reduzi-lo totalmente ao dado biológico. Nessas últimas décadas, de modo cada vez mais intenso, a ciência e a tecnologia penetraram nos estratos mais recônditos do organismo corpóreo e das estruturas do si mesmo, identificando totalmente o humano com o fator natural e, por conseguinte, a mente com o sistema nervoso central, e equiparando o pensamento com o resultado de processos neuronais baseados em reações bioquímicas[8].

Numa primeira impressão, a tentativa de "explicar" totalmente o sentido do ser e do agir do homem com base nos mecanismos complexos ligados à materialidade das leis biológicas parece constituir uma revanche do corpo; mas, observando melhor, por trás dessa leitura encerra-se uma objetivação ulterior e, portanto, um aniquilamento radical do sujeito humano.

Tanto os monismos materialistas quanto os espirituais acabam perpetuando uma interpretação unidimensional da realidade e uma visão unilateral do corpo, retirando-o do universo

---

8   Na verdade, os próprios defensores do *corpo-máquina* consideravam a questão do corpo como algo pertinente às ciências, e, portanto, que não compete à filosofia. Com a evolução dos estudos científicos, sobretudo no campo bioquímico, desde os anos 1930 e 1940 do século XX, no âmbito do pensamento analítico, a questão da relação mente-corpo foi abordada de modo cada vez mais positivo. Entretanto, foi, sobretudo, na segunda metade do século XX que se desenvolveu, em âmbito anglo-americano, a assim chamada "filosofia da mente" (*Philosophy of mind*), no contexto da qual a relação mente-corpo (*Mind-body problem*) é abordada, numa perspectiva totalmente reducionista, com base na visão ontológica e epistemológica. Cf. POPPER, K. F.; ECCLES, J. C. *L'io e il suo cervello*, Roma, Armando, 1981; CHANGEU, J. C. *L'uomo neuronale*, Milano, Feltrinelli, 1983; BEAR, M. F.; BOTTINI, G. *Elementi di neuroscienze cognitive*, Roma, Carocci, 2007.

da pessoa e da história a que pertence e, portanto, privando-o de sua identidade especificamente humana. Como observa com exatidão Umberto Galimberti,

> o espiritualismo, que compreende o homem a partir da "realidade da alma", concebida como substância que vive numa espécie de inquietação atemporal, e o materialismo científico, que reduz todo pensamento à bioquímica do cérebro, esquecem, a princípio, que o corpo é algo sem o qual o homem não existiria no mundo, e também que o cérebro só pode trabalhar coordenando aquilo que *recebe* do mundo graças ao corpo, que está presente no mundo não como um organismo físico, mas como um corpo vivente, no qual, por meio de impressões sucessivas, são inscritos os fatos como se desenrolaram de acordo com aquele princípio ordenador, que é o *nosso corpo ali envolvido*[9].

2 Os significados subjetivos do corpo na análise fenomenológico-existencial

A recuperação do corpo como dimensão constitutiva da pessoa e, mais ainda, como ponto de referência privilegiado para a interpretação do ser em seu fazer e situar-se concretos — como a porta do ser — se deu sobretudo com os esforços da fenomenologia e do existencialismo[10]. A dimensão corpórea é abor-

---

9   GALIMBERTI, U. *Il corpo*, op. cit., 149.
10 Quem deu um impulso orgânico à interpretação em perspectiva fenomenológica do corpo foi sobretudo Merleau-Ponty; é de seu pensamento que tiramos os elementos fundamentais propostos aqui. Cf. MERLEAU-PONTY, M. *La strutura del comportamento* (A estrutura do comportamento), Milano–Udine, Mimesis, 1963; ID. Segni (Signos), Milano, Il Saggiatora, 1967; ID. *L'oc-*

dada por essas correntes de pensamento sob diversas perspectivas e analisada em sua força vital através da rede de referências, de relações e de projetos em que se vai estruturando o dinamismo da vida. O corpo é considerado realmente como o exercício de ser da pessoa, como o lugar em que o sujeito se realiza em sua historicidade e a partir do qual se estabelece a experiência intersubjetiva; em suma, como o recipiente em que se dá a existência, reconhecendo que essa última dispõe de um horizonte de referência mais amplo sem poder resumir-se integralmente nesse.

O que marca essa virada interpretativa é a passagem do corpo como objeto (*Körper*) ao corpo *vivido* (*Leib*), isto é, ao corpo como expressão da identidade subjetiva e como lugar de atuação plena do sujeito humano. Assim concebido, o corpo revela e cobre a pessoa em sua totalidade; nisso o homem se manifesta naquilo que ele é, tendendo igualmente para a construção integral do si mesmo, para além de qualquer unilateralidade; é disso que surge a recusa de conceber o corpo como instrumento, como a concepção que o relega ao âmbito do *ter* (o corpo que *tenho*), para remetê-lo integralmente ao âmbito do *ser* (o corpo que *sou*).

O corpo "vivido" é, portanto, recuperado mediante uma reapropriação dos seus significados, que podem ser reduzidos esquematicamente a quatro instâncias fundamentais em estreita correlação mútua:

> *chio e lo spirito* (O olho e o espírito), Lecce, Milella, 1971; ID. *Il visibile e l'invisibile* (O visível e o invisível), Milano, Bompiani, 1969. Algumas reflexões interessantes sobre o tema do corpo em Merleau-Ponty se encontram em SICHÈRE, B. *Merleau-Ponty ou le corps de la philosophie*, Paris, Grasset, 1982; NEPI, P. *Merleau-Ponty trai il visibile e l'invisibile*, Roma, Studium 1984; TILLIETTE, X. *Merleau-Ponty ou la mesure de l'homme*, Paris, Seghers, 1970; BONOMI, A. *Esistenza e struttura*, Milano, Il Saggiatore, 1967; Vv.AA. *Merleau-Ponty. Filosofia, existenza, politica*, Napoli, Guida, 1982; LANFREDINI, R. (ed.), *Divenire di Merleau-Ponty. Filosofia di un suggetto incarnato*, Milano, Guerrini, 2011.

segunda parte

[a] O corpo como *lugar do construir-se da identidade subjetiva*, isto é, como âmbito privilegiado da autocompreensão e da autorrealização humana. No corpo se dá o fundamento do caráter unitário do sujeito e do seu mundo: por um lado, se o corpo é realmente a raiz de ligação que se une com os outros e com as coisas — ligação que toma sua razão definitiva do horizonte do ser que nos constitui —, por outro lado, ele é aquilo que constitui a nossa "diferença" nos confrontos com os outros, e que, por isso, separando-se, permite a preservação de nossa unicidade;

[b] O corpo como *princípio de socialização e de intercâmbio*. O que define o corpo no caráter concreto da vivência é a *racionalidade* (a relação é que faz o corpo). A descoberta do si mesmo se dá sempre realmente no encontro com o corpo do outro; encontro buscado pela semelhança que, movendo para o encontro recíproco, favorece a manifestação da identidade de ambos. A experiência corpórea assume, assim, o significado de horizonte perceptivo, dentro do qual se dá o reconhecimento do outro como pessoa; nessa experiência se torna acessível algo de inacessível, a alma, sem que isso tenha de ocorrer por meio de uma via cognitiva ou por meio de dedução, mas no sentido de uma imediaticidade ligada ao que Max Scheler define como a "expressão dos significados". No entanto, o que se mostra apreensível na experiência corpórea é a descoberta da existência como coexistência; o outro não é apenas o outro *de* mim, mas o outro *para* mim; é o outro pelo qual devo ser responsável e do qual devo tomar conta, de modo que a própria *epifania dos rostos* representa o fundamento da imperatividade ética (E. Levinas);

[c] O corpo como *via de inserção do homem no cosmo*. O corpo é aquilo através do qual o homem adentra no mundo e o mundo no homem; é o *medium* através do qual se institui

uma relação de reciprocidade entre o homem e o mundo que é vivida segundo uma lógica de comunhão. Nas estruturas da corporeidade, o mundo se revela, então, como um ambiente vital; tempo e espaço são filtrados e canalizados, materializando o fluir da vida no seio da cotidianidade, conferindo-lhe, assim, um caráter concreto;

[d] O corpo, finalmente, como *âmbito em que afloram e se encarnam os significados do ser*. Em sua tensão dinâmica permanente, o corpo é o espaço em que se entrecruzam e interagem as razões do existir e da construção do real. Na densidade do corpo, o ser se manifesta na estrutura da presença e do devir; torna-se transparente em sua profundidade indefinida. O mistério vivido pela corporeidade humana e, ao mesmo tempo, reunido em si é a relação com o ser que precede o pensamento (em termos técnicos, o "código pré-reflexivo") e que representa uma espécie de experiência originária que tem lugar na constituição do sujeito e de suas relações com o outro e com o mundo[11].

3   Os pontos críticos que se devem abordar

Quem se ateve na abordagem dessa problemática foi sobretudo F. Nietzsche, que considera o corpo como um "centro excên-

---

[11] Há uma profunda analogia entre a visão do corpo aqui descrita e a antropologia bíblica — sobretudo a visão veterotestamentária —, que é igualmente uma antropologia unitária e dinâmica. O corpo, que tem uma ligação mais histórica do que natural, manifesta a *dimensão mundana do homem*, sua origem da terra (trad. *yahwista*); *é a fonte e a linguagem das relações humanas*, na medida em que, por meio dele, o homem se faz presente ao outro e se comunica com ele (trad. *sacerdotal*, sobretudo o tema da *imagem*); é, por fim, *metáfora da beleza natural da pessoa* (é essa a mensagem do *Cântico dos cânticos*, onde se exalta a

trico" que liga o homem ao devir do ser. Radicando o homem no real, o corpo ao mesmo tempo dissolve-o, revelando a vacuidade da existência ou o desmascaramento da ilusão de ser; sendo integralmente corpo, o homem se vê destinado à dissolução radical, ou seja, se vê votado ao não sentido e ao nada[12].

3.1 Possibilidade e limite

Sem toparmos com os trágicos resultados a que se encaminha o pensamento de Nietzsche, deve-se reconhecer que o corpo "vivido" não é apenas expressão de instâncias humanas de grande significado, mas também lugar "problemático" no qual se faz — como afirma G. Marcel[13] — a delimitação do campo da existência. Sendo um fator de união e separação ao mesmo tempo, uma vez que divide entre si mesmo e o outro, entre ser e ter, entre vida

---

beleza do corpo em sua nudez e a atração física que ele exerce). Cf. PENNA, R. *Corpo e storia. Luoghi della rivelazione biblica*, op. cit.

12 Cf., sobre esse ponto, VATTIMO, G. *Il soggetto e la maschera*, Milano, Bompiani, 1974. Na verdade, a concepção nietzschiana do corpo não se refere ao corpo real em sua dimensão vivida, mas ao corpo pensado, inserido no contexto de uma compreensão do ser em geral. "Observando bem — como afirma M. Tortolone —, Nietzsche não fala do corpo, do corpo em sentido real, em seus dinamismos fisiológicos, em suas relações sinópticas que constituem o âmbito da existência; assim como realmente nada diz diretamente sobre a matéria e sobre a realidade. Para Nietzsche, o corpo é "símbolo" em sentido forte, catalisador, no qual se interseccionam os vários níveis do ser. Fiel à dinâmica da proximidade, à tentativa de realizar na palavra o fluir de que se propõe a vida, Nietzsche entreviu no corpo uma estrutura fundamental, mas indescritível, uma verdade que ciência alguma jamais pode revelar. Em Nietzsche, o corpo continua a ser absolutamente algo pensado. Um corpo/imagem complexo, em que se lança a possibilidade de uma compreensão do ser em geral. Por fim, o esquema/corpo não é o corpo/homem, mas a tomada de consciência da vacuidade abissal do ser em geral" (TORTOLONE, G. M. *Il corpo tentato. Per un discorso sull'uomo*, op. cit., 97).

13 MARCEL, G. *Giornale metafisico*, Roma, Abete, 1966.

e morte, o corpo se apresenta como um elemento ambíguo, homogêneo com as coisas e igualmente postado para além destas, objeto e ao mesmo tempo não objeto, o corpo carrega consigo a oposição radical constitutiva da realidade. A própria união do homem com o corpo não se dá de forma integral; entre o homem e seu corpo há uma distância que jamais poderá ser superada. Enquanto a diferença entre o homem e as coisas é substancial, a diferença entre o corpo e as coisas é uma afinidade ambígua.

Com certa plausibilidade, Sartre definiu o corpo como a intersecção e a mediação entre as dinâmicas do *para-si* e as do *em-si*, reconhecendo ali o que projeta o homem na dadidade do real, e, assim, o âmbito em que emerge com maior evidência a experiência da contingência e a tentação de objetivação. Mas também com bastante plausibilidade Sartre evidencia a duplicidade do corpo, seu ser *meu-corpo*, como resultado de dinâmicas existenciais precisas; em consequência, nesse contexto, ele demonstra com convicção a duplicidade do homem, ao mesmo tempo vivente e vivido, sujeito e objeto.

No corpo assim concebido, o homem vive sua abertura ao outro — o corpo é estruturalmente possibilidade de encontro com o outro e com os outros — e, graças à projeção indefinida do desejo, paradoxalmente, faz a experiência da solidão como condenação que mortifica a existência[14]. A dramaticidade da

---

14 Para Sartre, a experiência existencial vai tomando consistência a partir do corpo: "Eu sou o meu corpo vivido [...], sou totalmente o meu corpo, de tal modo que não posso pensar-me como corpo". Nesse sentido, Sartre supera a abordagem bipolar consciência/mundo, inserindo plenamente a consciência nos processos mundanos. No corpo, enquanto estrutura material, se condensam realmente todo o horizonte existencial e todo o ser do homem: tempo, história e existência são dinâmicas da corporeidade. O homem se objetiva no corpo, transformando o real e fazendo-se real nas coisas. Cf. SARTRE, J.-P. *L'être et le néant. Essai d'ontologia phénoménologique* (O ser e o nada. Ensaio de ontologia fenomenológica), 7ª ed. Paris, Gallimard, 1963. Para uma análise do pensamento de Sartre sobre esse tema, cf. PAPONE, A. *Esistenza e corpo-*

frustração nasce da tensão de se abrir ao outro e, paralelamente, da constatação da impossibilidade de alcançá-lo, de fundir-se com ele. O corpo assinala a abissal distância, a diferença insuperável entre si mesmo e o outro, transformando toda comunicação em aparência e originando vidas paralelas sem possibilidade de encontro.

No corpo, a existência assume os contornos de uma presença-ausência, de uma retomada infinita, de uma tensão aberta em que se realiza a única verdade possível do ser. A corporeidade, que se constrói como corpo próprio (*Leib*), se descobre como intencionalidade, isto é, como abertura ao mundo como projeto, mas ao mesmo tempo mostra ser imprescindível a presença do próprio limite como impossibilidade de atingir a totalidade: a densidade e a opacidade do corpo em relação à intencionalidade revela a parcialidade de toda e qualquer aproximação do outro e, de modo mais genérico, da realidade.

Contudo, onde emerge de modo mais radical a ambivalência do corpo e em especial a sua valência negativa é na ligação estreita que ela guarda com o fenómeno da morte; corpo e matéria na realidade estão sujeitos à dissolução definitiva. O projeto vital vai encontrar no corpo a própria mediação e seu próprio limite; é o corpo que faz viver e faz morrer. No corpo o homem vive radicalmente o desaparecimento de si mesmo como sujeito e o aniquilamento da consciência, a totalidade conclusiva do ser e o absoluto não senso.

> Em nossa opinião — observa G. M. Tortolone — é precisamente essa facticidade, essa abertura fundamental do estar no mundo, esse substrato material que constitui o eixo no qual gira a morte; é bem verdade que a morte constitui a anulação

reità in Sartre, Firenze, Le Monnier, 196; GUTHWIRTH, R. *La phénoménologie de J.-P. Sartre*, Toulouse, Privat, 1970.

total do sujeito e se caracteriza como psiquismo dissolvido; mas "é na dinâmica material que isso pode acontecer". Falar da morte significa, portanto, repropor a "ambiguidade" da existência corpórea. É a partir da integralidade corpórea que se indaga a respeito da morte: morre-se porque se nasce como corpo, num universo corpóreo[15].

Enquanto dissolução radical da subjetividade e da experiência do "nada", a morte, que se dá *no* corpo e *através* do corpo, é o último ato de um processo de dissolução que se consuma na existência cotidiana, que assume, assim, as feições do "vazio" radical[16].

O corpo é, ao mesmo tempo, *possibilidade e limite*. É, antes de tudo, *possibilidade*, enquanto nele se manifestam todas as formas expressivas do humano e nele reside também toda a ação do homem; é *limite*, enquanto nele o homem faz a experiência concreta de sua fragilidade e, em termos mais radicais, de seu ser-para-a-morte, isto é, do ser destinado de maneira inevitável ao aniquilamento. Em sua ambivalência estrutural, o corpo *revela*, portanto, a natureza profunda do homem e do mundo: ali se revela a teia de que se forma o tecido da realidade, mas ao

---

15   TORTOLONE, G. M. *Il corpo tentato. Per un discorso sull'uomo*, op. cit., 212.
16   A radicalidade da morte, ou seja, o fato de que a dissolução do corpo implica a dissolução do homem em sua integralidade, é um dado importante também do ponto de vista teológico, pois abre o horizonte na direção de uma dimensão de Deus diversa e ulterior. A consciência de que para além da vida existe o "nada" obriga a olhar para Deus e a transcendência não numa perspectiva de continuidade, mas na perspectiva do "totalmente outro". A radicalidade da morte/anulação exige, então, que se exprima a esperança na promessa de Deus, em quem o nada é superado na forma da "ressurreição da carne", que representa a retomada após o nada como fruto da intervenção libertadora de Deus. O homem morre inteiramente, mais precisamente nesse dissolver-se, que marca o final da experiência humana; portanto, no momento da mais radical fraqueza, Deus se faz presente, impedindo sua aniquilação definitiva.

mesmo tempo encobre-a, mantendo-a num estado de opacidade, que torna transparente o destino inquietante do homem, seu ser destinado à dissolução.

3.2 Corporeidade e corpo

Na raiz desse caráter tensional conatural encontra-se a duplicidade do corpo, que nem sempre foi bem esclarecida pela análise fenomenológico-existencial; seu ser é ao mesmo tempo *sujeito* e *objeto*, *Leib* e *Körper*, ou melhor, a constituição do momento de interação necessária (apesar de ser de difícil conciliação) entre os dois aspectos. À tendência de reduzir o corpo a objeto — que, como vimos, continua viva até hoje — a análise fenomenológico-existencial opõe a tendência a exaltar o aspecto da subjetividade, mas não consegue esclarecer toda a densidade do objetivo do corpo; portanto, não dá a atenção devida às dinâmicas e aos processos biofísicos que o caracterizam; em outras palavras, o risco que surge é de redução do corpo à corporeidade como dimensão constitutiva do sujeito pessoal, desconsiderando o *substrato material* dentro do qual as dinâmicas existenciais se tornam ativas.

Nesse sentido, o corpo é dissolvido num conjunto de relações, de eventos e de projetos que acabam por não fazer jus a seu caráter real. Recuperar a unidade entre corpo e subjetividade, de modo que a doutrina do "corpo próprio" possa ser considerada a primeira aplicação da ontologia geral da subjetividade[17], não nos exime da exigência de dar um destaque específico ao corpo em sua materialidade estrutural e, assim, levar a sério as leis que presidem seu desenvolvimento biofísico. É exatamente por isso que Ricoeur critica Sartre, contestando seu "idealismo temeroso", mostrando como ele reduziria a espontaneidade à cons-

---

17 Cf. Henry, M. *Philosophie et phénoménologie du corps*, Paris, Presses universitaires de France, 1965.

ciência e atribuiria ao corpo a mera função de órgão externo, ou como assimilaria a consciência à vontade criadora, conferindo consequentemente ao corpo um *status* de total submissão[18].

A crítica justificada nos embates do "naturalismo", na medida em que leva à objetivação do espírito (e, portanto, a um determinismo radical), não deve traduzir-se numa forma de espiritualismo abstrato, que não corresponde à integralidade do humano, e não está em condições de desvendar, de maneira adequada, os condicionamentos a que está submetido o homem e dos quais não é possível prescindir, quando se busca promover a sua realização e interpretar corretamente o sentido de seu agir.

4 Um modelo de racionalidade simbólica

O caminho que possibilita suplantar as aporias apontadas, e para restituir ao corpo, portanto, sua consistência real e seu estatuto originário, pode ser resumido a uma interpretação deste na via de uma perspectiva simbólica, apesar de ser ainda hoje amplamente estranho ao modelo de racionalidade do Ocidente. Desde sempre, a "metafísica" ocidental tem dado grande (e quase exclusivo) espaço a uma lógica disjuntiva (de separação e, às vezes, de clara contraposição) entre os elementos constitutivos da realidade, até alcançar, por meio das diversas formas de monismo, interpretações unilaterais e simplificadoras.

Os desdobramentos da pesquisa científica e tecnológica não fizeram outra coisa senão perpetuar — como já foi dito — essa visão das coisas, introduzindo distinções altamente sofisticadas,

---

18   RICOEUR, P. *Philosophie de la volonté I, Le volontaire et l'involontaire*, Paris, Aubier-Montaigne, 1950, 257-260 [trad. it. *Il volontario e l'involontario*, Genova, Marietti, 1990].

mas todas marcadas pela tendência de unicidade. As "figuras" das razões dominadoras — a "ideológica" e principalmente a "instrumental" — nasceram da dissolução da reversibilidade simbólica, da abolição da ambivalência própria do símbolo.

Justamente por isso, a abordagem do corpo (e, de modo mais geral, do homem concreto) acabou se tornando, assim, motivo redutivo e desviante, mortificando indevidamente aspectos fundamentais do caráter de vivência. A possibilidade de retornar a uma leitura integral do humano está, portanto, conectada ao abandono das lógicas delineadas e à capacidade de abrir espaço para uma racionalidade "simbólica" que institua a ligação entre as várias instâncias da realidade e as diversas subjetividades, ampliando a visão para "mais além".

Antes de ser um elemento de divisão, o símbolo unifica, assumindo os horizontes em que a realidade vai se desenvolvendo e projetando-os sempre adiante; em sua sobredeterminação de significado, o símbolo está em condições de fornecer — como nos lembra Paul Ricoeur — uma leitura arqueológica e uma leitura teleológica da realidade, de recolher as solicitações que vêm da "memória" do passado e desvendar o devir, exercitando a atenção e a ação nos confrontos desse passado[19].

A corporeidade traz em si essa exigência; só se torna compreensível na perspectiva de uma abordagem em que a unidade se conjugue com o respeito à diversidade no seio de um dinamismo que remete a um *ainda não* indefinidamente aberto. Nesse sentido se pode falar de tensão inscrita no corpo rumo à transcendência, ou se pode considerar o corpo como uma via privilegiada para se instituir a relação entre subjetividade e transcendência.

A oposição linguística que posso impor entre mim e o meu corpo — observa Liborio Asciutto — mostra o corpo como

---

19 RICOEUR, P. *Finitudine e colpa, 1: L'uomo fallibile*, Bologna, Il Mulino, 1970.

"transcendência-imanente". Transcendência porque posso opor meu corpo a mim; e, no entanto, é o corpo que me dá fundamento e me mantém vivo. Não tem em si um sentido próprio, mas sou eu mesmo que me dou, enquanto totalidade encarnada. É com essas correções que se pode aceitar a afirmação inicial "eu sou o meu corpo", cujo sentido não é a identidade absoluta, mas a imanência de uma transcendência[20].

A racionalidade não é proscrita, mas redefinida; o que se verifica é na realidade a passagem de uma forma "fechada" de razão, que leva à totalização ou que se inspira no critério da mera facticidade, a uma forma "aberta" e, portanto, não preclusiva; é a passagem — para usar uma fala de E. Levinas — da 'razão da totalidade" para a "razão do infinito".

Repropor a ambivalência do corpo — como nos lembra Umberto Galimberti — não significa, portanto, refutar o saber racional, nem mesmo aceitar sua rendição, mas, sim, *afundar nas raízes* desse saber e desvendá-lo naquilo que ele é: nada mais que uma tentativa de fazer frente à ambivalência da realidade corpórea que, assim revelada, é o que se constitui em *razão das múltiplas razões*... Segue-se que a *metafísica da equivalência* produz os significados com os quais no Ocidente se compreendeu que os corpos circulariam segundo aquele registro preciso de inscrições que lhe davam determinação a cada vez, e sob cujas determinações nasceram os vários campos do saber; o corpo, porém, irá substituir essa metafísica anterior pelo *jogo da ambivalência*, ou seja, daquela abertura de sentido que, surgindo antes da decisão dos significados, pode colocá-los todos em jogo, com o conjunto de suas inscrições, naquela operação

---

20 ASCIUTTO, L. *Volontá e corpo proprio nella fenomenologia de Paul Ricoeur*, Francavilla al Mare, Edizioni Paoline, 1973, 47.

segunda parte

simbólica em que o saber perde sua tomada de controle, porque a delimitação dos campos em que sempre se exerceu confundiu seu caráter simbólico. Esse é o *desafio do corpo*, um desafio que já se iniciou, que deve dar crédito àquela "crise das ciências europeias" denunciada por Husserl. Nada mais benéfico. São os primeiros objetos da violência simbólica a respeito dos quais a violência racionalista já está uma geração atrasada, porque ainda se baseia numa contraparte e, portanto, não sabe que toda e qualquer parte e toda e qualquer contraparte nada mais são que o efeito daquela operação *disjuntiva* exercida por toda razão para afirmar seu próprio saber[21].

Somente situando-se no horizonte do "símbolo" (e, assim, da linguagem e da racionalidade simbólica) é que o corpo estará em condições de recuperar a plenitude de seu sentido, superando qualquer tentação redutiva e instituindo uma relação plena com a subjetividade humana, sem renunciar à própria consistência material e sem diminuir a densidade de significados imateriais, que são constitutivos de sua identidade mais profunda.

5 Perspectivas para uma ética do "possível"

A ambivalência (ou ambiguidade) do corpo, que surge como um dado originário, encarna na verdade o "cômputo" da ambivalência (ou da ambiguidade) da existência; no corpo, convivem e se manifestam liberdade e dependência, escolha e situação; através dele (sobretudo) a subjetividade se mostra enraizada (em sua própria constituição) em elementos que marcam seu limite, como o caráter, o inconsciente, a vida em seu desdo-

---

21 Galimberti, U. *Il corpo*, op. cit., 15-16.

bramento espaçotemporal e, assim, como evento "situado". O corpo é, ao mesmo tempo, uma categoria "natural" e "cultural"; é um enredo de passividade e atividade; é, em última análise, o âmbito em que se desdobram (e interagem entre si) os diversos condicionamentos biopsíquicos e socioculturais.

Entretanto, precisamente esses fatores, que circunscrevem a experiência do homem e consequentemente delimitam seu espaço de atuação, são o terreno em que se aninha a possibilidade de escolher o próprio modo de realização pessoal; o condicionamento, que brota do fato de sermos "situados" no próprio corpo (e, assim, de estarmos inseridos num tempo e num espaço bem definidos) como condição imprescindível e insuperável, se transforma num "sim" à própria existência recebida; um "sim" que obriga a vencer a tentação de permitir ser aprisionado dentro das barreiras que delimitam o próprio campo de ação, e que leva a mobilizar positivamente um processo incessante de busca do si mesmo autêntico.

5.1 O agir como "consenso sobre a necessidade vivida"

Quando corretamente definida, a corporeidade fornece à ética uma contribuição fundamental; é daqui que surge a necessidade de conceber o agir humano como "consenso sobre a necessidade vivida" (a expressão é de Ricoeur), sendo que o termo "necessidade" representa aqui que qualquer ação humana dependeria de um conjunto de elementos "dados" dos quais não se pode prescindir; e "vivida" significa, por sua vez, o espaço aberto para a liberdade e a criatividade, um espaço no qual se lança a moralidade da ação e, de um modo mais radical, do projeto ao qual se pauta a própria existência. A tensão ética é, na verdade, uma tensão ligada a uma personalização de todas as objetividades que se apresentam ao homem e que, na medida em que são sofridas passivamente, se tornam um obstáculo na caminhada de seu crescimento; mas é, antes (e sobretudo), a capacidade de transformar essas objetividades em oportunidade para o desenvolvimento de si mesmo, propiciado pelas próprias possibilidades e, portanto, em sintonia com a própria vocação.

O foco na "subjetividade encarnada" permite, de um lado, corresponder adequadamente aos aspectos limitadores conaturais à condição humana — aspectos que, como já foi dito, têm sua origem no próprio corpo — e enfatizar, de outro lado, a possibilidade humana de transcender a si mesmo mediante uma constante superação de si mesmo, como expressão de sua especificidade humana. Nesse contexto, a ética adquire uma clara valência histórica. Isso significa que os valores aos quais se vê referida não são definidos de forma abstrata, mas numa estreita conexão com o caráter concreto das situações; em outras palavras, significa que é preciso manter essa tensão dialética entre o *eu positivo*, estruturado pela situação vital e pelo mundo dos valores, e o *eu ideal*, ao qual tende a consciência.

A referência ao corpo obriga, assim, a se apropriar de um modelo de ética que se propõe como objetivo a busca do "bem possível" (e, algumas vezes, do "mal menor"), isto é, que saiba "comprometer-se" com a realidade — é esse o verdadeiro significado da assim chamada "ética do compromisso" —, recusando tanto um posicionamento de adaptação passiva ao existente quanto o de uma fuga estéril para o futuro, para aviar-se na via de uma mediação que produza resultados eficazes no terreno da promoção humana[22].

---

22 Vamos retomar aqui a proposta que emerge das reflexões de Paul Ricoeur. Sua fenomenologia existencial, que desemboca numa "filosofia reflexiva" (cf. NABERT, J. La philosophie réflexive, in: *Enciclopédie française*, Paris, 1957), sem renegar a consciência transcendental, tende a se apropriar das experiências mais concretas nas quais se encarna o ato espiritual, e pelas quais é investido. "Ricoeur — observa Vansina — não é um husserliano, nem um marceliano,

5.2 Critério de discernimento e atitude virtuosa

Para poder exercer-se de forma correta, essa mediação, que deve surgir no respeito da diversidade dos contextos socioculturais e, com mais força ainda, das exigências subjetivas dos indivíduos, necessita tanto de um critério objetivo de discernimento que permita confrontar-se com as diversas situações com certa flexibilidade quanto (e sobretudo) de uma atitude pessoal virtuosa, fornecendo ao processo de interpretação a garantia de uma coerência substancial com os valores e com o espírito da lei.

O primeiro ponto a ser abordado aqui é a virtude da *equidade* (como a define Aristóteles usando o termo grego *epiéikeia*), compreendida como um corretivo da lei em vista de uma justiça superior: a consciência de que a lei, enquanto tem uma natureza universal, não consegue contemplar todas as situações, ou seja, que se aplica à maioria dos casos, mas não à sua totalidade (*in pluribus sed non in omnibus*), e que isso acaba gerando inevitavelmente situações de conflito, obriga a introduzir um mecanismo que propicie a aplicação apropriada à realidade concreta, incluindo a possibilidade de exceções, quando estão em ques-

> nem um kantiano, nem um nabertiano [...]. Talvez se possa melhor compreender a singularidade de seu pensamento qualificando-a como *filosofia dos limites*, pensamento que supera o dogmatismo e o relativismo, conjugando uma racionalidade rigorosa a uma profundidade existencial" (VANSINA, D. Esquisse, orientation et signification de l'entreprise philosophique de Paul Ricoeur, in: *Revue de métaphysique et de morale* 69 (1964), 717). É nesse contexto que se insere a ética de Ricoeur, que vem caracterizada pela preocupação com uma constante mediação entre a norma e o caso concreto, entre a argumentação universal e a interpretação particular. A obra mais importante é, a esse respeito, *Sé come un altro* (Si mesmo como um outro) (Milano, Jaca Book, 1993). Vamos encontrar alguns apontamentos interessantes também em *Finitudine e colpa, 1: L'uomo fallibile* (Bologna, Il Mulino, 1970), além dos que se podem encontrar em *Le volontaire et l'involontaire*. Ali o limite é reconduzido à finitude do homem e, de forma ainda mais radical, à sua falibilidade.

tão valores mais elevados (e, portanto, mais importantes) do que os que são tutelados por essa²³. É esse o espaço do *equitativo*, que, corrigindo o *giusto legale*, permite que se aborde de maneira correta os casos singulares excepcionais à norma em razão de sua universalidade.

No plano teleológico da busca de bem viver — observa Ricoeur —, o justo é aquele aspecto do bem relativo ao outro. No plano deontológico da obrigação, o justo se identifica com o legal. Resta dar um nome ao justo no plano da sabedoria prática, ali onde se exerce o juízo em situação. Proponho a seguinte resposta: o justo então não é mais o bom nem o legal, mas o equitativo [...] o equitativo é a figura que reveste a ideia do justo nas situações de incerteza e de conflito, ou, em suma, no regime ordinário e extraordinário do trágico da ação²⁴.

No segundo caso — o da atitude pessoal virtuosa —, a virtude a que se deve fazer apelo é, ainda, segundo Aristóteles, a *phrónēsis*, uma sabedoria prática (que os latinos chamam de prudência); essa permite abordar as mais diversas situações pessoais, elaborando concretamente juízos que saibam interpretar aquilo que se busca eticamente num contexto preciso. A ética como busca do "bem" (ou da "boa vida", segundo a nota de cunho aristotélico) de fato não se resolve (e não poderá jamais se resolver totalmente) na moral, isto é, no conjunto das normas que dirigem concretamente e em termos vinculantes o comportamento; então, entre as duas, subsiste (e não pode não

---

23 "O equitativo é justo, seguramente, mas não é o justo segundo a lei, porém, um corretivo do justo legal. A razão é que a lei é sempre uma norma universal, enquanto não pode tratar corretamente alguns casos particulares [...]. Por isso o equitativo é justo; até melhor que certo tipo de justo" (ARISTÓTELES, *Etica Nicomachea* [*Ética a Nicômaco*], v. 10).
24 RICOEUR, P. *Il giusto* 1, Cantalupa, Effatà, 2005, 39.

subsistir) um estado de tensão permanente que só poderá ser superado lançando-se mão da sabedoria; em outros termos, fazendo apelo a uma atitude subjetiva que intermedeia entre lei e pessoa, focando o que tem maior relevância e que, assim, não alcança uma consideração apropriada.

Se, de fato, a ética se reporta ao horizonte teleológico, aristotelicamente definido por Ricoeur como a *perspectiva da "vida boa" com e para o outro, dentro de instituições justas*, e, se em função da "violência", deontologiza esse horizonte, equipando-o com um conjunto de normas coercitivas, o juízo em situação reconduz a deontologia à teleologia, voltando o universal normativo no particular, vivido no contexto e em seus limites valorativos[25].

---

25   IANNOTTA, D. Gli itinerari della giustizia: RICOEUR, P., in Introduzione a P. Ricoeur, *Il giusto*, op. cit., 8. A esse respeito, Ricoeur sublinha a existência de situações nas quais o apelo à lei se torna problemático, visto que os valores em jogo estão em conflito entre si, e (sobretudo) situações em que não apenas as normas entram em conflito como também a relação entre norma e pessoa (de maneira específica, é nisso que consiste o "trágico da ação"). Ele age precisamente nos confrontos de todas as concepções puramente formais ou procedurais (sem excluir as de Rawls e de Habermas, com as quais até mantém um diálogo profundo). "Existem, porém — escreve ele —, inúmeras situações embaraçosas, em que a referência à lei se torna problemática. É preciso, antes de tudo, considerar o caso em que se confrontam diversas normas, como se vê na tragédia grega, na qual, por exemplo, Antígona e Creonte atendem, ambos, a grandezas espirituais respeitáveis, mas a partir de um ponto de vista restrito, que os torna incompatíveis, a ponto de suscitar a morte dos antagonistas. Esse elemento trágico da ação faz apelo àquilo que Sófocles chama de *tò phronéin*, o ato de julgar sabiamente"; trata-se da virtude que Aristóteles eleva a um alto grau sob o nome de *phrónēsis*, termo que os latinos traduziram por *prudentia*, e que podemos traduzir como sabedoria prática ou, ainda melhor, como sabedoria de julgamento [...]. Foi precisamente esse elemento trágico da ação que foi esvaziado na concepção, meramente formal, da obrigação moral, reduzida ao exame de universalização da máxima. Da mesma forma, porém, isso é lapidarmente mal compreendido na concepção rawlsiana da justiça, em que se eliminou o confronto en-

segunda parte

O modelo ético, que se origina de uma aceitação nítida do limite que surge da corporeidade, se posiciona, assim, tanto para além de uma perspectiva dogmática, que apela exclusivamente aos princípios, buscando uma aplicação dedutiva destes sem levar em consideração as situações reais, quanto de uma perspectiva de natureza meramente procedural, que acaba sendo indulgente com posições de absoluto relativismo. Um modelo de ética que não renuncie à importância do peso determinante da "cultura" (compreendida aqui em sentido antropológico como conjunto de usos, de costumes, de hábitos que definem os estilos de vida prevalentes num contexto sociogeográfico deter-

> tre bens principais, em benefício de uma regra meramente formal de procedimento. Mas não menos, isso se deu também na ética do discurso, que se coloca ela própria numa perspectiva em que as convicções são reduzidas a convenções, que se considera que os protagonistas do debate tenham superado colocando-se numa postura pós-convencional. O caráter específico desse formalismo, que elimina a referência à vida boa, é de evadir-se das situações de conflito ligadas à avaliação de bens situados com o propósito de bem viver. Contudo, esse caráter trágico, expulso pela porta, volta a entrar pela janela, até o momento em que se leve em consideração a diversidade irredutível dos bens sociais de base, como uma teoria compreensiva da justiça que não pode omitir essa sua tarefa. Se afrontam, então, com aqueles que, numa perspectiva renovada de sua teoria da justiça, Rawls mesmo chama de "desacordos razoáveis". Agrada-me essa expressão, que consegue enquadrar bem a virtude da prudência. A fragmentação dos ideais políticos, a das esferas da justiça e, inclusive no âmbito jurídico, a multiplicação das fontes de direito e a abundância dos códigos de jurisdição nos convidam a levar o mais a sério possível essa ideia de desacordo razoável. As coisas se tornam ainda mais graves quando já não são mais apenas as normas que entram em conflito, mas quando se defrontam, de um lado, o respeito devido à natureza universal e, de outro, o respeito devido às pessoas singulares. Trata-se propriamente do elemento trágico da ação, uma vez que a norma é reconhecida como parte do debate, no conflito que a contrapõe à exigência feita pela miséria humana. A sabedoria do julgamento consiste na elaboração de compromissos frágeis, nos quais não se trata tanto de decidir entre bem e mal, entre branco e preto, mas, sim, entre cinza e cinza ou, em casos extremamente trágicos, entre o mal e o pior" (RICOEUR, P. *Il giusto*, op. cit., 220-222).

A AMBIVALÊNCIA DO CORPO...

minado) em sua percepção existencial dos valores e da sua hierarquização concreta[26] — é preciso recorrer a esse paradigma para avaliar situações complexas nas quais os valores entram em conflito entre si —; trata-se, sobretudo, de um modelo que reconheça o primado do sujeito e seu coenvolvimento criativo na produção de juízos e na elaboração de decisões que se voltam à busca não do bem abstrato, mas do bem que pode ser buscado concretamente na situação.

---

[26] "Os valores, na realidade — observa Liborio Asciutto —, existem para mim apenas quando os aceito como motivações. Porém essa aceitação não se dá apenas dentro de cada consciência, mas é intermediada pelo mundo cultural ao qual se pertence. Deriva de uma mediação que, às vezes, assevera um valor mais que outro, às vezes, exalta a alguns que servem de cenário para outros. Ora, é exatamente na minha corporeidade que sinto falta de [...] apelo a [...]. A necessidade é, pois, minha modalidade primordial de meu referir-me ao mundo" (ASCIUTTO, L. *Volontà e corpo nella fenomenologia di Paul Ricoeur*, op. cit., 41).

capítulo 3
A "natureza" do homem — uma interpretação personalista

O corpo, sobre o qual no capítulo anterior se fez referência de suas prerrogativas antropológicas e éticas, confere ao agir humano uma orientação precisa com base nas dinâmicas biofísicas que provêm diretamente de sua estrutura originária. No corpo reflete-se, pois, a facticidade do real, no sentido de que a densidade material é vivida como "dadidade" dentro da qual a realidade pode ser modelada e assumir forma segundo códigos precisos, cujas leis estão inscritas no estatuto próprio de seu caráter físico.

A ética não pode prescindir dessa referência. A exigência de não reduzir a natureza do homem ao simples nível dos dados materiais (e o agir moral a uma mera adequação desses dados) é um fato adquirido (de maneira irrefutável). Contudo, isso não significa (e não pode significar) uma renúncia se considerarmos o peso relevante que têm os dinamismos biofísicos. A disponibilidade que a pessoa humana tem de sua natureza jamais é total, mas deve ser medida levando-se em conta algumas estruturas significativas do dado biológico, que provêm não de uma consideração puramente instrumental do corpo, mas de sua restauração como elemento constitutivo da identidade pessoal.

A esse respeito, o conceito a que no passado se fazia apelo era o de "lei natural"; com isso, tendia-se a definir a existência de uma ordem originária presente no cosmos e no homem à qual o agir humano deveria conformar-se. Os ataques que se fazem a tais conceitos são frequentes (e não são completamente injustificados); eles ocorrem numa reação nos confrontos de posicionamentos da Igreja (passados e presentes) aos quais se apelam para condenar comportamentos (sobretudo no âmbito sexual) definidos como "desviantes". Por outro lado, as possibilidades de intervenção na vida do cosmo e do homem proporcionam novas tecnologias, e os riscos resultantes disso fazem surgir com força a necessidade de identificar critérios que permitam discernir aquilo que é eticamente legítimo (porque é humanizante) e aquilo que não é legítimo (porque é alienante), remetendo, assim, a um estatuto originário do humano passível de ser extraído da ideia de "natureza".

À luz dessas considerações, será enfrentada, a princípio, a questão da "lei natural", evidenciando, antes de tudo, a inatualidade e a atualidade do recurso a esta [1], para ressaltar, depois, a reflexão sobre modelos pelos quais o Ocidente a interpretou [2]. Nesse sentido, será dedicado um amplo espaço à interpretação teológica, com uma perspectiva especial do fundamento bíblico [3] e da atual interpretação "personalista" [4].

1 Inatualidade e atualidade da questão

O declínio do conceito de "natureza" (e de "lei natural") vem ligado, a partir do final da Idade Média, a uma concepção essencialista e fixa do dado natural que resulta em uma franca contradição com as instâncias mais significativas da modernidade. A centralidade que assume o conceito de "sujeito" no pensamento filosófico moderno como ser único e irrepetível torna vã qualquer tentativa de discurso sobre a existência de uma natureza comum entre os homens; enquanto, por seu lado, a importância atribuída à "cultura" das diversas ciências humanas — em especial, a ciência da psicologia e as ciências sociais —, colocando em destaque a dimensão da historicidade, destitui de credibilidade qualquer referência ao dado ontológico (como é o caso do conceito de "natureza") concebido como imutável.

1.1 As razões da crise

As razões fundamentais da atual crise podem ser buscadas, sobretudo, no vasto processo cultural que se iniciou com a passagem da civilização pré-industrial, caracterizada pelo predomínio dos "ciclos naturais" do mundo campesino, para a civilização industrial e pós-industrial, marcada pelo surgimento de uma concepção cada vez mais "artificial" da vida. Graças aos avanços da técnica, os determinismos naturais são gradualmente substituídos pela intervenção humana na realidade, de tal modo que se assiste a uma transformação progressiva da "natureza" em "cultura".

Por outro lado, como consequência do processo da teoria da evolução, a "natureza" não é mais concebida como expressão de um processo racional guiado por um projeto inteligente, mas parece, antes, ser uma realidade em constante mudança, em que surgem deficiências e disfunções que só podem ser explicadas como resultado de um ajuste operado pela seleção natural[1]. Isso

---

[1] A teoria da evolução constitui hoje um dado adquirido, de tal modo que pode ser considerada o quadro de referência essencial para toda e qualquer análise científica. Cf. PIEVANI, T. *La teoria dell'evoluzione*, Bologna, Il Mulino, 2006. A relação entre "evolução" e "natureza", e, num sentido mais amplo, a "criação", que é nosso interesse aqui, foi abordada por FRANCESCHELLI, O. *Dio e Darwin. Natura e uomo tra evoluzione e creazione*. Roma, Donzelli, 2005. O próprio Cardeal Ratzinger (que depois acabou se tornando o papa Bento XVI), num debate com o filósofo alemão Jürgen Habermas, admitiu que, "com a vitória da teoria da evolução [...], que parece ser em grande

segunda parte

torna bem pouco plausível se fazer recurso a tal categoria como sendo um paradigma para o agir moral.

Para além das razões do declínio atual, é muito significativo o modo distinto com o qual se tem feito apelo a essa teoria, no âmbito da modernidade, e sobretudo à concepção do "direito natural", por parte do mundo laico e do católico. Como observa de modo muito preciso Giuseppe Angelini, nesse sentido, é possível realmente asseverar a existência de uma "circunstância paradoxal", uma verdadeira e própria inversão de perspectiva.

A ideia de *lei* natural, ou, mais precisamente, de *direito* natural — escreve ele —, assume grande importância nos primórdios da idade moderna e do pensamento (político) leigo: é nessa ideia que se buscou o remédio para uma hegemonia eclesiástica nas relações civis que parecia alimentar as guerras. Assim, interpreto sinteticamente o nascimento do jusnaturalismo moderno. Através da ideia de um *direito* natural, busca-se uma explicação do declínio que se deu da instância do *sagrado* ao laico, à qual a vida civil não pode renunciar. No final da era moderna, ou seja, na atualidade, a ideia de lei natural aparece antes no cenário público como uma fixação obstinada e exclusiva do pensamento católico, quase como um *šibbóleth* que permite distinguir entre católicos e leigos[2].

Essa reversão radical de perspectivas tem diversas motivações. Na perspectiva leiga, as razões de fundo da atual recusa devem ser buscadas, dentro da cultura tardo-moderna, na se-

---

medida incontrovertível nos dias atuais", a referência tradicional ao direito natural "parece, pois, ter perdido sua agudez" (HABERMAS, J.; RATZINGER, J. Etica, religione e Stato liberale, in: *Humanitas* 2 (2004), 256-257).

[2] ANGELINI, G. Introduzione. Come rimediare allo sfinimento di uma categoria, in: ID. et al. (eds.), *La lege natuarale. I principi dell'umano e la molteplicità dele culture*, Milano, Glossa, 2007, 8.

A "NATUREZA" DO HOMEM

paração que se opera entre a questão social (e civil) e a questão do destino do indivíduo, e, assim, entre direito e moral, com a total emancipação do direito perante qualquer vínculo ético, e com a sua redução a realidades meramente procedurais. Por seu lado, no horizonte católico (e particularmente na visão eclesiástica), o atual retorno ao conceito de "lei natural" está ligado à tentativa de se apropriar de uma linguagem universalista que ajude, no contexto do mundo secularizado, a alcançar todos os homens ou, segundo uma interpretação menos benevolente, a recuperar uma hegemonia cultural perdida, apelando a argumentações de ordem meramente racionais[3]. Também nesse último caso, o conceito de "natureza" apresenta aspectos de evidente equivocidade, tornando-se inadequado para interpretar

---

3   De *per si*, no âmbito da teologia moral, o retorno ao conceito de "lei natural" foi originalmente um apanágio, no período imediatamente pós-conciliar, dos promotores da chamada "moral autónoma", sendo, assim, expressão de uma ética que reivindica seu próprio fundamento racional e, portanto, a sua independência em relação a qualquer instância de tipo religioso ou sagrado. "A *lex naturalis*, segundo a tradição católica, como quer que se a compreenda — seja na vertente ontológica ou histórica —, é — observa D. Mieth — uma afirmação da autonomia do "elemento moral" frente à revelação, à fé e à sua interpretação por parte da Igreja" (MIETH, D. Norma morale e autonomia dell'uomo. Problema della legge morale naturale e sua relazione con la legge nuova, in: GOFFI, T. (ed.), *Problemi e prospettive di teologia morale*, Brescia, Queriniana, 1976, 175). Na verdade, sobretudo no âmbito do magistério eclesiástico (mas não só nele), esse retorno é justificado como o caminho para se afirmar vigorosamente (e até para tentar impor no terreno legislativo) alguns valores — os chamados valores não negociáveis — em nome de uma razão que é concebida como válida para todos, sem levar em consideração o atual contexto, que é caracterizado, antes, por um forte pluralismo, mesmo ético, isto é, pelo "politeísmo dos valores" como consequência do "desencantamento do mundo", seguindo a famosa fórmula de Weber, ou, de modo ainda mais radical, do politeísmo dos sistemas de valor. A afirmação da autonomia da moral se traduz aqui na absolutização de uma moral racional específica, com a pretensão de qualificá-la com uma universalidade impossível (e até indevida).

segunda parte

uma realidade extremamente diversificada e pluralista como a que se apresenta no contexto cultural de hoje.

1.2 A atualidade da instância subentendida

Por outro lado, à inatualidade demonstrada do conceito de "natureza" vem de encontro a atualidade cada vez mais intensa a ela subjacente. Os fatores que alimentam o interesse em torno de tal instância são múltiplos e de diversas vertentes.

O *primeiro* (e mais evidente) é constituído pela exigência, cada vez mais clara, de fixar um limite para a intervenção manipuladora do homem em si mesmo e no mundo circunstante; em outros termos, de estabelecer uma barreira inultrapassável ou limites que não possam ser ultrapassados. O enorme avanço que conquistou o poder tecnológico, sobretudo no âmbito biomédico, possibilita formas de manipulação que não se limitam a atuar sobre o destino do indivíduo, mas envolvem também o destino da espécie, com efeitos de longa duração.

Mas o que está se concretizando sobretudo hoje — e que representa um perigo mais sério para a atual situação — é uma espécie de *tecnomorfismo*, para o qual a ideia de onipotência da técnica se expande ao infinito, fazendo coincidir possibilidade e licitude ou, apelando para uma neutralidade axiológica da busca científica, que a subtrai de qualquer intervenção externa, tornando-a de fato completamente incontestável. Daqui se deduz a tentativa de remover todo e qualquer vínculo naturalista em nome de uma *autopoiesis* que se orienta seguindo uma lógica da intervenção indiscriminada, com o real perigo de desestruturar a identidade humana. A gravidade (e inclusive a dramaticidade) da situação urge encontrar e estabelecer um dado antropológico que institua o respeito a um ponto de partida e defenda um sentido indispensável. Então, a ideia de "natureza" pareceria atender a essa exigência, na medida em que define a infraestrutura originária do humano, que, como tal, não deve ser alterada[4].

O processo de manipulação, de vastas proporções atualmente em curso, mostra a necessidade de estabelecer um limite preciso para a intervenção humana — o que está em jogo não é realmente, como foi dito, apenas o destino do indivíduo, mas também o destino da espécie; o que se exige é, então, em outros termos, a fixação de "regras" bem definidas a serem respeitadas, fundamentadas numa infraestrutura inalienável do humano, como é, portanto, a "natureza". Entretanto o *segundo* fator está estreitamente ligado à presença de culturas diversas habitando o mesmo território, como efeito do fenômeno da globalização, e, portanto, a exigência de um confronto mais amplo, que impõe necessariamente a busca e a identificação de códigos de valores e de comportamentos válidos para todos.

Por outro lado, a contribuição da antropologia cultural de cunho estruturalista (e funcionalista), a esse respeito, se revela redutiva e, como tal, insuficiente. A absolutização do dado "cultural" traz consigo inevitavelmente a impossibilidade de qualquer confronto entre as culturas. Se toda cultura é uma "totalidade" bem estruturada, cujas partes só podem ser compreendidas em seu interior, e se, por conseguinte, se torna completamente injustificável qualquer tentativa de comparação entre culturas diversas, então, a convivência intercultural só poderá acontecer mediante a criação de espaços separados; em outros termos, mediante a construção de uma sociedade "como arquipélago", constituída de muitas ilhas que não se comunicam entre si.

A superação dessa situação de impasse e a abertura de um verdadeiro diálogo estão ligadas ao reconhecimento de um dado

---

4   Abordando o tema da engenharia genética, J. Habermas apelou para o conceito de "natureza" como critério essencial para a fixação de um limite para a intervenção humana (*Il futuro della natura umana, I rischi di uma genetica liberale*, Torino, Enaudi, 2002).

*meta*cultural ou *trans*cultural, de uma instância que transcende as culturas e a que possam remeter as diversas tradições. A ideia de "natureza" parece interpretar de maneira apropriada essa instância, dirigindo a atenção ao *ánthrōpos* e, assim, àquela "humanidade" (*humanitas*) comum que está na raiz de todas as culturas — não é por acaso que se fala de "antropologia cultural" — porque coincide com a estrutura originária do humano e constitui o terreno a partir do qual se estabelece toda e qualquer possibilidade autêntica de confronto inter-humano. O encontro entre as diversas culturas postula de fato a convergência em torno de um *horizonte comum* que torna transparente o pertencimento de todos a uma única família — a família *humana*, portanto —, exigindo uma referência a práticas reconhecidas socialmente.

Por fim, o *último* fator (mas não o último em ordem de importância) remete à exigência de reconstruir, no âmbito do humano, *processos de identificação* que permitam salvaguardar a identidade das diferenças. A crise desses processos, em razão do poder cada vez maior da tecnologia ou ao confronto com tradições culturais diversas (e usualmente não compatíveis entre si), faz surgir um crescente abandono à referência ao dado natural por parte da reflexão antropológica.

A questão da identidade de gênero é emblemática a esse respeito, pois a separação entre *gender* e *sex*, com o substancial cancelamento do *sex* da consideração psicológica e cultural, e, portanto, de sua redução ao dado biológico, torna extremamente fluida qualquer tentativa de identificação. A distinção entre "sexo" e "gênero" se caracteriza hoje pelo fato de que, enquanto o "sexo" indicaria uma imutabilidade constante no tempo e no espaço, o "gênero" é o conjunto das características e dos comportamentos culturais derivados das exigências da vida social, estreitamente ligados, assim, à mutabilidade do contexto e à autodeterminação individual, não levando em consideração a referência à própria identidade sexual.

A "NATUREZA" DO HOMEM

A tendência é, portanto, de se instituir uma igualdade indiferenciada dentro do humano, possibilitando de fato uma intermutabilidade física, com a total supressão de qualquer consideração a respeito da validade do dado natural, e, assim, com uma absorção total da natureza por parte da cultura, como nos mostra de forma muito aguda Aristide Fumagalli, quando afirma que "o mérito da *gender theory* é de ter subtraído a identidade sexual como 'sola natura'; o limite é de considerá-la como um produto da 'sola cultura'⁵".

O exagero de algumas experiências, mas, sobretudo, a necessidade de salvaguardar o humano em sua integridade e em sua integralidade (sem deixar de levar em consideração, por isso, a complexidade das experiências próprias da identidade subjetiva) exige uma atenção renovada à "natureza" (e a suas dinâmicas estruturais), não considerada apenas em seu aspecto biológico como também no conjunto de seus significados simbólicos e nas evidências que surgem daí.

O que contribui de maneira decisiva para dar uma consistência ulterior aos fatores assinalados é o cenário tecnológico hodierno, de onde provém uma nova concepção antropológica, que condiciona a percepção que o sujeito tem de si mesmo e das relações que estabelece com os outros. A técnica, que estende sua influência a todos os âmbitos da existência e que vai assumindo o semblante de um poder cada vez mais estratificado⁶, determina o surgimento da "racionalidade instrumental", que reduz os significados da realidade aos critérios de operabilidade e de utilidade, diminuindo os níveis de humanidade.

A tendência de considerar tudo o que é tecnicamente possível como eticamente legítimo se confronta, por outro lado, com

---

5   FUMAGALLI, A. L'omosessualità in prospettiva socioculturale, in: Aggiornamenti sociali 6 (2008), 435. Do mesmo autor, para um aprofundamento do tema, cf. *La questione gender. Uma sfida antropologica*, Brescia, Queriniana, 2015.
6   Cf. LUHMANN, N. *Potere e complessità sociale*, Milano, Il Saggiatore, 1979.

o surgimento de riscos novos (e graves), que evidenciam a ambivalência dos processos em curso e aumentam a consciência da disparidade existente entre progresso técnico e desenvolvimento humano; por seu lado, o conflito entre as culturas mostra como a complexidade de um confronto enriquecedor está estreitamente dependente da disposição que tem cada cultura em reconhecer sua própria parcialidade e da capacidade de recuperar um ponto de referência, que se encontra além da "cultura" (e além da "técnica"), como critério de valor da realidade e como condição para atuar em favor de seu crescimento.

Parece ser indispensável, portanto, a necessidade de recorrer ao estatuto ontológico da realidade, a sua infraestrutura originária, não só para evitar recaídas devastadoras, mas também (e sobretudo) para criar processos positivos de libertação humana.

2   A evolução dos modelos no Ocidente

Na cultura do Ocidente, o conceito de "natureza" (e de "lei natural") não é conjugado em termos unívocos. No curso do tempo, o pensamento ocidental elaborou definições diversas sobre a "natureza" nem sempre com perspectivas conciliáveis entre si.

2.1   O pensamento grego

No âmbito da filosofia grega, desde o início, vemos o entrelaçamento de duas tradições. A primeira tradição, a "cosmocêntrica", inaugurada pelos pré-socráticos, reduz a natureza humana à natureza cósmica — o homem como microcosmo está sujeito às leis próprias do macrocosmo; a segunda é a "antropocêntrica", e foi iniciada por Sócrates (basta lembrarmos de seu "conhece-te a ti mesmo"), colocando o homem no centro e concebendo a natureza humana como uma realidade claramente distinta da ordem do cosmo, regida por leis próprias, com suas raízes na "razão". A razão confere ao homem a possibilidade de conhecer a si mesmo e o mundo à sua volta, intervindo em si mesmo e nesse mundo.

A tradição "cosmocêntrica" se desenvolveu especialmente no terreno ético por meio do estoicismo, para o qual a busca da felicidade (*eudaimonía*), que constitui o objetivo da vida moral, está ligada à ação de uma vida virtuosa; consiste em adaptar as ações humanas à lei do cosmo, de cuja ordem participa também o homem junto aos demais seres[7]. Depois de uma primeira fase em que elaborou uma concepção da "natureza" totalmente referente à ordem do cosmos, o pensamento estoico foi se abrindo sucessivamente para uma dimensão antropológica; o "viver segundo a natureza", nesse caso, longe de ser equiparado à mera adesão a uma vigência cega dos instintos, é compreendido, antes, como um "viver segundo a razão", tendo consciência da presença do *lógos* divino na natureza, como princípio animador e ordenador desta. A "lei natural" assume, então, o caráter de conformidade com uma razão que reflete em si a ordem do Universo. A diferença qualitativa entre natureza cósmica e natureza humana, também nesse caso, não se faz presente: a convergência da "natureza" e da "razão" no *lógos* institui entre as duas uma continuidade que não resguarda a especificidade do humano.

Em Aristóteles, o cosmocentrismo estoico estaria completamente superado, abrindo espaço a uma perspectiva "antropocêntrica" que, fazendo coincidir a natureza humana com o ser racional do homem, coloca a lei natural humana numa estreita relação com a atividade da razão; esta ordena as inclinações e os instintos na direção de objetivos humanos mais elevados. A finalidade que se busca por meio da razão é a realização ontoló-

---

[7] ARNTZ, J. La legge naturale e la sua storia, in: BÖCKLE, F. (ed.), *Debate sobre o direito natural*, Brescia, Queriniana, 1970, 115-147.

gica do sujeito humano — e é nisso que reside a felicidade; isso lhe confere um caráter objetivo, teleológico e universal. O "viver segundo a natureza" não significa, portanto, uma adequação às inclinações de nível inferior, mas, sim, a capacidade, mediada pela razão, de atingir o verdadeiro fim do agir humano, que para Aristóteles coincide com a busca daquilo para o que foi feito o homem, ou, mais propriamente, daquilo que é o homem. Situado nesse enquadramento universalista, o conceito de "natureza humana" assegura a permanência de alguns valores comuns a todos os homens e permite, assim, fornecer uma resposta tanto homogênea quanto diversificada à realização humana.

2.2 A tradição patrística e o pensamento medieval

Vamos encontrar uma diversificação parecida também na tradição cristã. A escolástica, que adota para si uma concepção antropológica, irá se opor à retomada do conceito "cosmológico" de "natureza" na época patrística — sob a influência do estoicismo.

O pensamento dos padres da Igreja ainda está ligado a uma visão "cósmica" da realidade que não lhes permite distinguir claramente o teor do "segundo a razão" das dinâmicas próprias da "natureza", compreendida como o conjunto dos processos e das leis que se desenvolvem no âmbito do mundo infra-humano. Todavia — e é aqui que se vai encontrar a novidade com relação aos estoicos — os conceitos de "natureza" e de "lei natural" são inseridos pelos padres da Igreja no contexto histórico-salvífico mediante a referência às categorias da "criação" e da "escatologia"; a "lei natural" já não é para o cristão a única referência a que se pode apelar no agir, mas é integrada na lei evangélica.

O abandono do posicionamento cósmico e fisicista pode ser encontrado no pensamento de Tomás de Aquino, que deriva diretamente do pensamento de Aristóteles[8]. Um posto central na definição de "natureza" e "lei natural" é ocupado pela ratio (*natura ut ratio*). Concebendo a "natureza" como a estrutura teleológica própria de um organismo — e, portanto, como uma realidade dotada de um estatuto aberto, que justifica e exige um constante caminho evolutivo —, no âmbito humano, Tomás atribui à *ratio* a tarefa de reconhecer as finalidades que permitem ao homem a sua plena e autêntica realização, determinando aquelas inclinações naturais que se impõem como norma do agir.

O conceito de "natureza humana" em Tomás se refere tanto às inclinações naturais, que definem algumas instâncias essenciais das quais não se pode prescindir na busca da realização própria, quanto à *ratio*, a qual dá determinação a tais instâncias não em termos puramente passivos, mas por meio de um conhecimento que abre para a possibilidade de modificar seu curso em vista de uma resposta global na busca de um cumprimento humano pleno. Nesse contexto, Tomás insere a reflexão da "lei natural humana", que se apresenta, portanto, como qualitativamente diversa da lei natural infra-humana, a qual, justamente por isso, isto é, pela falta de uma referência à razão, pode ser definida como "lei" apenas de modo impróprio e em sentido analógico (*per similitudinem*)[9].

O conceito de "lei natural", que traça a estrutura essencial do *ser* e do *agir* propriamente humanos, vai tomar forma no pensamento de Tomás a partir da distinção entre *lei divina revelada* (ou positiva) e *lei divina natural*: a primeira, que coincide essencialmente com a graça, vem de Deus mediante a revelação, e portanto só pode ser conhecida por meio dessa; a segunda — a lei

---

8 Cf. PIZZORNI, N. R. *Il fondamento etico-religioso del diritto secondo Tomaso d'Aquino*, Milano, Massimo, 1989; VAN OVERBEKE, P. La loi naturelle et le droit natural selon S. Thomas, in: *Revue Thomiste* 56 (1957), 285-336.

9 Para uma análise mais ampla das reflexões de Tomás de Aquino sobre o tema da lei natural, cf. *Summa theologiae* (Suma Teológica), I-II, qq. 90-108.

natural — vem também de Deus, só que por intermédio da ordem da criação, que está inscrita na consciência e que só pode ser conhecida por meio da razão. Essa distinção coloca em evidência a teoria de que, no ato da criação, cada pessoa humana é dotada, por Deus, da capacidade de distinguir o bem do mal por meio do uso da razão, e a forma como, portanto, a lei natural vincula indistintamente todos os homens, impondo-lhes uma série de direitos e deveres que assumem um caráter universal[10].

A compreensão do conceito de "lei natural" só pode ser alcançada plenamente considerando a *lex eterna* como análogo principal — é em referência a essa que se compreende o conceito de "lei" —, enquanto ordem impressa por Deus, desde o início, na realidade; essa ordem diz respeito a todas as criaturas e, nela, todas têm, por sua vez, uma participação diversa. No âmbito do mundo infra-humano, essa ordem se impõe de modo determinista, enquanto no âmbito do mundo humano ela é recebida — como foi lembrado — através do uso da razão.

A "lei natural humana", que é, desse modo, participação da "lei eterna" na criatura racional (*in rationali creatura*), implica, assim, inserir o homem no plano da providência — plano mediante o qual Deus rege o mundo — segundo uma modalidade que respeita sua identidade de ser livre e responsável[11]. Nesse sentido, Tomás pode afirmar que a "lei natural" é *ordinatio rationis*[12] e pode ser definida num sentido pleno como "lei" (*lex*); ela coincide, portanto, com a "razão prática", a qual está cons-

---

10 Cf. LISSKA, A. *Aquina's theory of natural law. An analytic reconstruction*, Oxford, Clarendon Press, 1996.
11 Cf. TOMÁS DE AQUINO, *Summa theologiae* (Suma teológica), q. 94.
12 Cf. LOTTIN, O. *Le droit naturel chez saint Thomas d'Aquin et ses prédécesseurs*, Bruges, Beyaert, 1931; RHONHEIMER, M. *Legge naturale e ragione pratica. Una visione tomista dell'autonomia morale*, Roma, Armando, 2001; CHIODI, M. *La tradizione tomista e l'emergenza del moderno*, in: ANGELINI, G. et al. (eds.), *La legge naturale*, op. cit., 63-166.

titutivamente ordenada ao bem. O primeiro preceito da lei natural, que fundamenta todos os demais — faz o bem e evita o mal —, confere ao bem um caráter finalístico — é nisso que reside a perspectiva teleológica da ética que Tomás irá emprestar de Aristóteles — e evidencia, ao mesmo tempo, como o bem tem seu fundamento no julgamento da razão, o qual, por sua vez, se deve às inclinações naturais, que lançam suas raízes nos preceitos aos quais o homem é chamado a cumprir.

Mais complexa, porém, parece ser a determinação dos conteúdos da "lei natural"[13], para a qual se torna fundamental a distinção entre *princípios primários* (ou *comuns*), que têm caráter de universalidade, e *conclusões*, por meio das quais afloram tanto as diferenças de conteúdo quanto as de conhecimento. A passagem dos princípios comuns da *syndérēsis* às conclusões é fruto de um silogismo prático que não procede automaticamente na forma de dedução necessária, mas invoca o auxílio da "prudência" (*recta ratio agibilium*), como instrumento capaz de conciliar, a cada vez, os princípios às situações concretas, exercendo, assim, uma função reguladora essencial. É daqui que descende a possibilidade de juízos diversificados, que se adaptam à variedade das circunstâncias, e, portanto, a necessidade de discernir o que é imutável daquilo que pode (e deve) ser mudado — os preceitos secundários (*secundaria praecepta*), na linguagem de Tomás de Aquino —, visto serem frutos da mediação com fatores de ordem histórica[14].

---

13 A esse respeito, merece uma atenção especial a consideração da relação estreita que existe entre "lei natural" e virtude, de onde brota claramente o modo como a virtude é um efeito da obediência à lei. As virtudes morais derivam realmente da razão como regra do bem, de tal modo que agir segundo a razão e agir segundo a virtude são a mesma coisa. Cf. TOMÁS DE AQUINO, *Summa theologiae* (Suma teológica), I-II, q. 94, art. 3. Para esclarecimentos ulteriores, cf. ABBÀ, G. *Lex et virtus. Studi sull'evoluzione della dottrina morale di san Tommaso d'Aquino*, Roma, LAS, 1983.

14 Cf. PINCKAERS, S. Esquise d'une morale chrétienne. Ses bases: la Loi évangélique et la loi naturelle, in: *Nova et vetera* 55 (1908), 102-125; ID. *Le sources de la*

segunda parte

Assim, com Tomás de Aquino, vai se estabelecendo um conceito de "natureza" humana (e de "lei natural humana") fundamentado numa infraestrutura ontológica aberta (ligada ao ser corpóreo e espiritual e à dimensão social do homem), que não implica apenas a conservação de si mesmo (e da realidade), mas inclui também a possibilidade de uma intervenção no sentido de modificar-se e modificar o ambiente. Desse modo, também, a "natureza" adquire o significado de "dadidade" e de "possibilidade"; assume os contornos da realidade constituída por uma estrutura intangível e ao mesmo tempo aberta a uma constante transformação[15].

morale chrétienne. Sa methode, son contenu, son histoire, Fribourg–Paris, Academic Press–Cer, 1985; RIZZELLO, R. La legge morale per il bene della persona e per l'amicizia tra le persone, in: *Angelicum* 69 (1992), 369-388. Assume grande importância a relação intuída por Tomás entre a "lei natural" e a "lei divina positiva", em que os vários preceitos confluem na *caridade*. Entre as duas estabelece-se uma continuidade, no sentido de que a *lex nova* constitui o cumprimento da "lei natural". Contudo, o aspecto mais decisivo dessa relação se constitui pelo fato de que a lei positiva, coincidindo com a graça, é a verdadeira fonte da justificação (cf. TOMÁS DE AQUINO, *Summa theologiae* (Suma teológica), I-II, q. 106); e, portanto, através do dom do Espírito, é isso que confere ao homem a capacidade autêntica de conhecer e de aderir às instâncias da "lei natural". O obscurecimento da mente e da vontade, produto do pecado original, acaba repercutindo na própria razão humana, também num nível de conhecimento do bem e do mal. A lei nova age, sobretudo, como um *habitus* interior, que orienta diretamente o homem para o bem e o ajuda a conhecê-lo e colocá-lo em prática.

15   Não partilho plenamente da opinião de Giuseppe Angelini, que atribui, a esse respeito, ao Aquinate uma forma de racionalismo intelectualista, para o qual a *ratio* assegura a natureza que impõe ao agir humano e ao qual a *vontade* simplesmente se adéqua. O entrelaçamento entre "razão" e "vontade" no Aquinate é bem mais complexo e vem marcado pela interdependência e até pelos aspectos de reciprocidade, que não podem deixar de ser conhecidos. Mais difícil de definir é, antes — como assevera justamente Anglini —, a relação entre apetites sensíveis e apetite da razão. A oscilação entre concepção naturalista e modelo psicológico seguramente se faz presente em Tomás: o nó da questão não foi resolvido, mas os fatores aos quais é preciso referir-se

2.3 O jusnaturalismo moderno

A ruptura com essa visão, longe do fisicismo naturalista e do reducionismo cultural, se deu no início da época moderna. A modernidade é marcada — como já foi lembrado — pela centralidade do sujeito como indivíduo, considerado em sua singularidade, fora de qualquer horizonte cosmo-ontológico e relacional.

O que deu início a esse processo foi o nominalismo, que, reduzindo os conceitos a "nomes" (isto é, a etiquetas que não definem as coisas como são), introduz uma visão fragmentada da realidade, concebida como o conjunto de inúmeros pequenos mundos que não se comunicam entre si. Isso implica a negação de qualquer referência ontológica, esvaziando a própria possibilidade de se falar de "natureza". O conceito de "natureza" que persiste formalmente é, assim, reduzido ao único aspecto "biológico", e o suporte externo com o qual se busca conferir-lhe autoridade é constituído pelo apelo imediato à "vontade" de Deus.

A doutrina da "lei natural" — aquela do jusnaturalismo que deriva diretamente dos pressupostos supra-apresentados — se caracteriza, portanto, por uma interpretação estática e substancialista, que se eleva a partir da "natureza" objetiva do homem, determinando, assim, sua reificação. A obrigação moral brota dessa objetivação e é avalizada posteriormente, pelo menos à primeira vista, por meio do recurso extrínseco à vontade divina. O que se vai suspender, antes de tudo, é o significado teleológico da natureza humana — o significado que lhe conferia um caráter aberto e dinâmico — e, de outro lado, a relação com as inclinações naturais, mas, sobretudo, a relação com a história, de tal modo que se assiste a uma desistorialização radical desta e sua relação com a consciência, de cuja mediação é subtraído o agir humano.

são bem evidentes. Cf. ANGELINI, G. La legge naturale e il ripensamento dell'antropologia, in: ID et al. (eds.), *La legge naturale*, op. cit., 187-215.

seGunDa parte

O gradual distanciamento da realidade do horizonte religioso, como resultado da secularização, faz com que, sucessivamente, a "natureza" perca o caráter de espelhamento da sabedoria divina, enquanto a afirmação de um modo de pensar antropocêntrico e pragmático reduz a "natureza" a um simples campo de intervenção livre e criativo do homem[16]. A perda da dimensão ontológica e a necessidade de um dado seguro, ao qual se possa referir a ação, fazem com que se identifique em seguida a "natureza" com o dado biológico, interpretando-a em termos por demais rígidos, recorrendo ao princípio de autoridade como apoio. A recusa do conceito de "natureza" e de "lei natural" que se desenvolveu recentemente é uma forma de reação a tal modelo, que não dá atenção à dimensão histórica da experiência humana.

3   A reflexão teológica hoje

Não se devem procurar na revelação hebraico-cristã referências precisas para a questão da "natureza" e da "lei natural". Não só os termos "natureza" e "natural", de origem grega, são ignorados pela Bíblia como também a própria ideia a eles subjacente lhes é estranha[17]. Todavia, há na Bíblia dados importantes que remetem aos conteúdos dessa ideia, e se vão encontrar sobretudo elementos interessantes de interpretação da realidade, que, de algum modo, se apropriam das instâncias que dela brotam[18].

---

16   Cf. FINNIS, J. *Natural law and natural rights*, Oxford, Oxford University Press, 1980.

17   O termo "lei natural" se faz presente no Novo Testamento, na Carta aos Romanos, com um sentido bastante diferente daquele que é próprio ao pensamento grego. Cf. SACCHI, A. La legge naturale nella lettera ai Romani, in: Vv.AA. *I fondamenti biblici della teologia morale*, Brescia, Paideia, 1973, 388.

18   Cf. SACCHI, A. La legge naturale nella Bibbia, in: Vv.AA. *La legge naturale*, Bologna, EDB, 1970, 17-59.

3.1 Criação e aliança

Criação e aliança são duas categorias fundamentais da história da salvação que delineiam os contornos e orientam seu percurso. A criação define a estrutura própria da realidade do mundo e do homem, remetendo ao ato originário por meio do qual Deus formou essa realidade; a aliança focaliza a relação de comunhão que liga a realidade a Deus, e que se instala na raiz de várias ligações que nela se entrelaçam.

A realidade manifestada pelo relato bíblico da criação (em particular, o de Gn 1) com relação à cosmogonia do Oriente Próximo consiste em apresentar o ato de criação como o início de um processo que irá se desenvolver sucessivamente na história. O conceito de criação tem um caráter dinâmico; remete a um dado originário, que se constitui, porém, como o início de um caminho no qual está em jogo a responsabilidade humana. Tendo saído das mãos criadoras de Deus, a humanidade do mundo é recolocada nas mãos do homem, que tem a tarefa de salvaguardar a identidade originária e conduzi-la ao seu cumprimento pleno mediante sua atividade transformadora.

A "natureza" — tanto a cósmica quanto a humana na ligação que as une[19] — é uma realidade, respeitada em sua estrutura profunda, mas também deve ser objeto da intervenção humana. Os verbos "dominar" (Gn 1,28) e "cuidar" (Gn 2,15), com os quais se descreve a tarefa do homem nos confrontos com o mundo circunstante (e, por conseguinte, também nos confrontos consigo mesmo), definem o sentido da relação que o homem deve empreender com toda a realidade. O mandato de

---

19 "Homem e cosmo estão em constante relação recíproca, mas como 'eventos' que acontecem sob uma ação divina fiel, e não como simples 'peças' justapostas de um mecanismo cósmico" (BONORA, A. L'uomo coltivatore e custode del suo mondo di Gen 1-11, in: CAPRIOLI, A.; VACCARO, L. (eds.), *Questione ecologica e conscienza cristiana*, Brescia, Morcelliana, 1988, 157).

segunda parte

"subjugar" a Terra indica a transmissão do poder criador divino às mãos do homem, o confiar a tarefa de "tomar posse" da natureza e de "guiar" seu desenvolvimento na direção de sua plenitude. O Jardim do Éden é dedicado ao "trabalho" e ao "cuidado" do homem; em uma palavra, ao exercício de um senhorio que tem seu limite no senhorio divino, como nos lembra (com grande eficácia simbólica) o preceito de "não comer da árvore do conhecimento do bem e do mal" (Gn 2,17).

A categoria da criação, portanto, está tão longe de uma sacralização da "natureza", que negaria a possibilidade de toda e qualquer intervenção nela, quanto da redução de tudo à "cultura", que impede de se falar de "natureza", abrindo as portas para um relativismo radical. O conceito de "natureza" é compreendido numa concepção finalista; isso remete à exigência de um dado originário que, ao mesmo tempo, é respeitado e objeto de contínua transformação. A "natureza" se abre, assim, a um futuro de plenitude: não é uma realidade pronta de uma vez por todas, mas uma realidade em devir. A ordem que a constitui está sujeita à ordem da história da salvação, mas isso não significa que essa ordem seja apenas um enquadramento. Como base permanente de tal história, a natureza tem uma estrutura própria, que deve ser reconhecida e preservada pelo homem, visto que lhe pertence. Assim, o empenho humano não poderá se exercer como um poder absoluto; deve buscar transformar o mundo e a história numa morada habitável para toda a família humana.

Essa visão é aprofundada posteriormente pela visão da "aliança", que, conferindo à realidade o estatuto de um "tecido relacional", atribui ao agir humano a função de "conservar" e de "aprofundar" (dilatando sua esfera de significados) essa relacionalidade. A atividade do homem tem em mira a promoção das relações, no respeito da ordem hierárquica intrínseca à realidade e na perspectiva de uma constante ampliação da esfera da comunhão, excluindo, assim, todo e qualquer comportamento

A "NATUREZA" DO HOMEM

inspirado numa lógica meramente "instrumental", incapaz de tutelar a estrutura íntima das coisas. Nesse sentido, a "natureza" se constitui no *background* relacional, que define o sentido de crescimento do mundo, seja o mundo infra-humano, seja (sobretudo) o humano, que o homem deve promover, aumentando a harmonia entre as diversas ordens da realidade e aplicando as leis físicas e biológicas na busca do bem universal.

3.2 A perspectiva cristológica

Criação e aliança vão alcançar sua mais elevada expressão no mistério de Cristo. Fazendo-se "carne" (*sarx*), o verbo não apenas se tornou "história" como também "natureza", entrando plenamente no mundo e tornando-se parte dele. Em Jesus de Nazaré, Deus aceitou limitar sua presença dentro de um "tempo" e de um "espaço" circunscritos, que se transformam em tempo e espaço de salvação: junto ao *kairós* temporal (o momento oportuno para a salvação na linguagem neotestamentária) instaura-se um *habitat* espacial, marcado pelo ser-no-mundo do verbo, e que se estende, a partir de tal evento, ao Universo inteiro.

O coenvolvimento da "natureza" (cósmica e humana), na perspectiva salvífica inaugurada por Cristo, se torna evidente sobretudo no mistério pascal. A ressurreição de Jesus, quando a criação alcança seu cumprimento pleno, inaugura o processo de ressurreição dos mortos e, mais em geral, de recriação do mundo. A ação libertadora de Jesus, assumindo a realidade da existência corpórea do homem — a verdade da ressurreição da carne pertence ao núcleo fundamental da fé cristã —, consolida a esperança, de toda a criação, de ser liberta da caducidade. Cada um no próprio nível, homem e cosmos têm seu destino; mas, no âmbito da escravidão e da libertação, se movem dentro de uma história comum. Num certo sentido, se pode dizer que a criação se iniciou com o cosmo e se concluiu com o

segunda parte

homem, enquanto a recriação escatológica se iniciou com a libertação do homem e culminará com o resgate do cosmo.

A "natureza" participa da "novidade" originada da força da ressurreição de Cristo. O Espírito, que habita toda a realidade, tanto humana quanto cósmica, torna-se o princípio que diferencia e harmoniza, que identifica e compenetra. Humanidade e cosmo são reconduzidos a suas raízes: a comunhão que os liga se funda na reconciliação que Deus instituiu com eles; essa reconciliação restituiu a coesão do Universo, o colocando imediatamente em relação de cooperação com o homem. As duas ordens naturais, no entanto, não se identificam: entre natureza cósmica e natureza humana se dá uma diferença qualitativa que justifica a intervenção transformadora do homem dentro dos limites do respeito da identidade das "coisas".

3.3 O significado teológico da "lei natural"

No contexto da visão que nos proporcionaram as categorias apontadas, o conceito de "lei natural" assume um significado novo e bem mais amplo do que lhe foi atribuído pela tradição do pensamento ocidental e, sobretudo, um significado decisivamente diverso daquele "legalista" radical que nos foi legado pelo jusnaturalismo.

Nesse ínterim, é importante dar mais precisão ao modo como o conceito de "lei", presente na revelação, tem feições bem distantes das que assumiu no Ocidente, sobretudo seguindo os desdobramentos do direito romano. Longe de ver sua solução numa sequela de preceitos, a lei — e esse é o significado pregnante do termo *Tôrah* — tem como referência um horizonte interpretativo muito mais vasto: ela designa de fato uma experiência de vida global, numa conexão estreita com o *lógos*, isto é, a palavra que faz, que produz de modo eficaz — o *dābhār hebraico* significa ao mesmo tempo "palavra" e "evento" —, por isso, o decálogo é, muitas vezes, apresentado com a fórmula de as "dez palavras", portanto, com uma palavra vital que atinge a própria legitimação das instâncias mais profundas da experiência humana. Nesse sentido, a prática da lei permite ao povo aceder à verdade da promessa: a lei é uma instrução que se refere ao caminho do povo rumo aos bens que o esperam.

Isso significa que a "lei natural", que reflete a ordem da criação, não pode ser reduzida a um código de proibições; deve ser interpretada, antes, em toda a sua riqueza e fecundidade, como a figura perfeita da justiça inscrita, desde o início, no "coração" (ou na "consciência") do homem, que poderá encontrar plena realização apenas na decisão livre da fé.

A ligação que une a "lei natural" com a promessa, de onde surge condição e antecipação (mesmo que parcial), é o que fundamenta — e esse é, em última análise, seu sentido teológico — sua dimensão cristológica constitutiva. A promessa recebe em Cristo seu cumprimento definitivo; e, assim, a "lei natural" adquire seu sentido definitivo.

> A verdade da "lei natural" — observa Giuseppe Angelini — encontra sua revelação realizada e cumprida apenas em Cristo; é ele que leva à realização aquele tempo pleno, que se torna condição imprescindível para que o homem possa realizar a justiça perfeita. A revelação dessa justiça comporta o julgamento da história universal dos filhos de Adão; nesse sentido se compreende como o acesso a tal justiça se torna possível unicamente ao preço de uma conversão: por sua natureza, a fé se destaca dos cânones da justiça civil. A justiça perfeita, obviamente, só pode se realizar através da liberdade do indivíduo, e não antes por algum poder político[20].

---

20   ANGELINI, G. La legge naturale e il repensamento dell'antropologia, in: ID et al. (eds.), *La legge naturale*, op. cit., 213 s.

segunda parte

À luz dessas considerações, é fácil perceber a continuidade que há entre "lei natural" e mandamento do amor[21]. E isso se dá não apenas porque o mandamento do amor pode ser reconduzido à categoria da "lei"[22] ou porque em ambos os casos o fim almejado é o mesmo, a saber, a busca de uma regulamentação positiva das relações humanas, mas, sobretudo, porque, na perspectiva cristã, o sentido último da "lei" não pode ser traçado dentro do mesmo, mas naquilo a que essa lei envia: o *dever do amor*, que ultrapassa o nível da obrigação legal e que se apresenta como uma instância inexaurível, que ninguém jamais pode afirmar ter exaurido completamente e que transforma, assim, a existência num caminho de permanente conversão:

> Não tenhais nenhuma dívida para com quem quer que seja, a não ser a de vos amardes uns aos outros; pois aquele que ama o seu próximo cumpriu plenamente a lei. Com efeito, os mandamentos *Não cometerás adultério, não matarás, não furtarás, não cobiçarás*, bem como todos os outros, resumem-se nesta palavra: *Amarás o teu próximo como a ti mesmo*. O amor não faz nenhum dano ao próximo; portanto, o amor é o pleno cumprimento da lei (Rm 13,8-10).

Os preceitos morais que fazem parte da lei natural nada mais são que a assunção de instâncias comportamentais que refletem o sentido das relações originárias e evidenciam, por isso, o dever de viver a *proximidade* como expressão da ética do *humanum*: a proximidade experimentada como dom do alto em Jesus de Nazaré — ele se tornou "próximo" ao homem em sen-

---

[21] Cf. CASERI, R. Comandamento dell'amore e legge morale naturale, in: *RTM* 156 (2007), 523-532.

[22] Para uma análise da ligação estreita que há entre caridade e lei na carta paulina, cf. HERIBAN, J. "L'amore è la pienezza della legge" (Rom 13,10), in: *Parola, spirito e vita* 11 (1985).

tido pleno não só se tornando seu companheiro de viagem como também, e sobretudo, dando a vida para a sua salvação — deve, portanto, tornar-se um critério decisivo do agir moral.

A justiça, que é o valor fundamental no qual se edificam as relações inter-humanas e que constitui consequentemente o centro da "lei natural" como instância privilegiada, deve ser colocada em relação com o amor para poder ser vivida plenamente. A lógica da equivalência e da reciprocidade, que preside a edificação de uma ordem justa, requer, para ser plenamente cumprida, integrar-se com a lógica da superabundância, que é a lógica do amor. A regra de ouro não é abolida, mas reinterpretada, tendo no novo mandamento seu fundamento metaético[23].

A "lei natural" absorve, assim, uma função instrumental, mas ineludível: é através dela, portanto, que a liberdade humana ganha condições de fazer um constante discernimento do bem[24]. É ali que vai encontrar expressão a tensão escatológica própria da vida do religioso, a busca de plenitude que se dá apenas no encontro com Deus e com os homens.

> Repensar a lei moral natural, portanto, exige a retomada crítica das experiências fundamentais da vida humana, como o dom, o dever, a liberdade e a obrigação. Na palavra "proximidade", Jesus indica a exigência ética inscrita nas relações humanas e erige-a como mandamento, fazendo com que cada indivíduo viva sua *dedicação* como critério de seu agir. Nesse sentido, a lei moral natural não é compreendida tanto como código mínimo de proibições, mas como tensão contínua rumo àquela *justiça perfeita*, inscrita na condição humana, que

---

23   Algumas reflexões sugestivas sobre o tema da justiça e do amor podem ser encontradas em RICOEUR, P. *Amore e giustizia*, Brescia, Morcelliana, 2000.
24   Cf. FUMAGALLI, A. L'amore come legge. Per una rinnovata teologia della legge morale, in: *La scuola cattolica* 135 (2007), 3-28.

para se realizar necessita da obediência livre ao mandamento do amor segundo o ensinamento de Jesus[25].

4 A atual reinterpretação: a perspectiva personalista

A atenção dispensada aos dados que provêm da revelação deve estar estreitamente ligada à análise da situação atual, em que o surgimento — como se mostrou — da instância subjacente ao conceito de "natureza" deixa intactos os aspectos de ambiguidade a ela conectados. O próprio termo "natureza" (e "lei natural"), pelo conjunto dos significados que acabaram se acumulando historicamente nele, é a fonte — de maneira especial, quando aplicado ao homem e ao seu agir moral — de equívocos perigosos, de tal modo que há quem afirme que dificilmente se possa utilizar isso como "cifra" sob a qual se pudesse compreender novamente as instâncias que tutelava o passado[26].

Contudo, isso não impede que o conceito de "natureza" (e de "lei natural") possa ser recuperado novamente hoje (ao menos substancialmente) como um importante baluarte nos confrontos do excesso de intervenção manipuladora que o homem arrisca empreender contra si mesmo e a sua realidade circunstante.

4.1 A perspectiva personalista

Essa recuperação é buscada antes de tudo no âmbito filosófico e teológico, lançando mão de uma perspectiva personalista. Reagindo, assim, a posicionamentos como o do fisicismo, do biologismo e do essencialismo, que reduzem a "natureza humana" a

---
25   CASERI, R. *Comandamento dell'amore e legge morale naturale*, op. cit., 531 s.
26   COLIN, P. Ambigüité du mot "nature", in: *Le supplément* 81 (1967), 251-268.

A "NATUREZA" DO HOMEM

dinâmicas biofísicas, pretendendo deduzir delas os critérios do agir, inúmeros autores (pertencentes a diversas escolas que não necessariamente podem ser reduzidas a estratos homogêneos) apelam para o conceito de "pessoa" como realidade capaz de conferir à natureza humana características específicas, que dão fundamento à sua dignidade absoluta, conferindo à dimensão relacional que a qualifica o valor de elemento constitutivo.

A exigência que se refere a uma instância personalista para definir a "natureza" do homem constitui uma forma de reação tanto perante a tentação de um reducionismo "metafísico", que abstrai de qualquer abordagem de caráter histórico, quanto a uma concepção "individualista", que prescinde totalmente da relacionalidade (e da socialidade) como aspectos constitutivos do humano. Mas irá opor-se, sobretudo, a uma concepção "naturalista" da "natureza humana", que, comparando-a totalmente à natureza infra-humana e reduzindo-a ao simples nível de dados empíricos, acaba por comprometer sua especificidade, isto é, negar sua ligação intrínseca com a razão humana. Se essa homologação realmente acontecesse, não teria tanta importância

> o fato de o homem, baseado em sua racionalidade, dever desenvolver uma tarefa de ordenamento da natureza, humanizando-a e imprimindo-lhe um projeto antropológico, a fim de estabelecer uma simbiose controlada do pensamento, e não de admissão cega. A natureza é como um primeiro esboço a ser contemplado com base em critérios que transcendem os critérios simplesmente empíricos[27].

A concepção personalista de "natureza humana" parte, antes de tudo, do pressuposto de que há uma diferença antropológica, a qual se identifica com a admissão do *sujeito* como

---

27 Cf. *ibid.*

segunda parte

horizonte insuperável da compreensão do humano (refutando, assim, qualquer forma de objetivismo), iluminando as dimensões relacionais e espaçotemporais, evidenciando, sobretudo, na consciência, como faculdade originária do si mesmo e do outro, a presença de seu traço distintivo fundamental[28].

Fica evidente de imediato que essa concepção não é simples nem homogênea: a "natureza humana" é uma realidade complexa, articulada em diversos planos, mutuamente integrados, em que vão surgindo inevitavelmente conflitos entre as instâncias pertinentes a um rigoroso discernimento, possibilitado apenas pelo recurso a uma tabela de valores precisa. Trata-se, portanto, de uma natureza composta, pluriestratificada, constituída por um estrato biológico — que não é completo, mas também não é totalmente irrelevante para o agir moral — e por uma série de estratos superiores referentes à personalidade, à socialidade e à capacidade cultural[29].

O que se há de definir corretamente, então, é o justo equilíbrio entre essas estratificações, e de um modo mais específico

---

28 Para um aprofundamento desses aspectos, cf. MAZZOCATO, G. L'indirizzo personalista e i suoi problemi, in: ANGELINI G. et al. (eds.), *La legge naturale*, op. cit., 151-185.

29 Cf. DEMMER, K. *Interpretare e agire. Fondamenti della morale Cristiana*, Cinisello B., Edizioni Paoline, 1989, 136-141. Essa obra explica também a possibilidade de intervenção negativa da liberdade humana, de onde se espera definitivamente a decisão a respeito das orientações que se devem seguir nas intervenções na "natureza". "À luz dessas premissas — observa Cataldo Zuccaro — talvez seja possível compreender melhor como a natureza humana se apresenta fundamentalmente estruturada segundo uma unidade bipolar, que atinge ao mesmo tempo o plano material e o plano espiritual, sem qualquer oposição, subordinação ou alternativa. Mas é propriamente o elemento espiritual, o da liberdade, que introduz na unidade da natureza humana um possível princípio de dissociação interior. Isso é compreendido no sentido de que o estatuto interno à liberdade implica o risco de que o homem acabe contrapondo-se, no plano da ação moral, à sua natureza feita para o verdadeiro e para o bem" (ZUCCARO, C. *Morale fondamentale*, Bologna, EDB, 1993, 133).

entre as duas dimensões constitutivas do homem — a dimensão corpórea e a espiritual. Somente a partir da elaboração dessa definição que se torna possível tanto vencer a tentação de reduzir a "natureza humana" (e a "lei natural") a uma mera intencionalidade quanto, inversamente, identificá-la como simples produto do dado biológico; em outras palavras, só assim se poderá evitar que o humano seja concebido como "pura liberdade" ou como "puro determinismo".

A possibilidade de caminharmos na direção correta está ligada ao reconhecimento da importante tarefa que desempenha o corpo em nível antropológico, isto é, à superação da tentação de concebê-lo como realidade extrínseca à pessoa, como instrumento neutro ou como "matéria muda", privada de informação para a consciência do sujeito, e de receber antes sua consistência própria, enquanto realidade que forma a base do instituir-se de toda e qualquer forma de relacionalidade humana, conferindo uma contribuição decisiva à construção do simbolismo[30].

Pelo que foi dito, fica evidente a estreita conexão (e a interdependência) que se dá no humano entre corporeidade e espírito, e, assim, o fato de que a definição da "natureza" da pessoa seja retraçada na relação dinâmica (e permanentemente aberta) que se deve instituir entre os diversos níveis — biológico, psíquico e espiritual — relacionados à realidade ontológica da pessoa, com sua unidade originária, mas que devem ao mesmo tempo sofrer um constante processo de unificação.

---

30 Em seus escritos, é comum X. Lacroix evidenciar a necessidade de dar mais importância ao "articular-se da matriz real da carne com a dimensão da matriz simbólica" (LACROIX, X. *In principio la differenza. Omosessualità, matrimonio, adozione*, Milano, Vita e Pensiero, 2006, 27). Na realidade, a dessimbolização do corpo, que se deu através do pensamento positivista, determinou a insurgência de uma concepção redutiva do humano, identificando-o apenas com as dinâmicas de sua dadidade biológica ou, como reação, a uma forma de espiritualização que reduz de fato tudo ao dado cultural.

4.2 Pessoa e lei natural

O conceito personalista de "natureza" leva também a se superar um modelo "factual" da ética, para o qual as normas morais parecem poder ser deduzidas de um ato objetivo, bem definido e claramente circunscrito; um modelo que se impõe com autoridade e de modo extrínseco na forma de "lei" vinculante. O conceito de 'bem" que se evidencia quando se instaura uma óptica personalista, que encontra sua codificação na "lei natural", não é uma realidade impessoal, um objeto ou uma coisa totalmente objetivável, mas, sim, uma *qualidade* da experiência humana. A pessoa é de fato a titular última da relação com o *bem em si*; e isso significa que, nos confrontos das formas do bem comum, essa não pode portar-se como um "algo", mas como um "quem" ou como um "alguém", isto é, com sua própria capacidade moral, que tem fundamento na dignidade humana[31].

Nessa perspectiva, o conceito de "lei natural humana", portanto, é estreitamente dependente da ligação entre natureza e pessoa ou, mais precisamente, do modo como a pessoa pode dispor de sua natureza humana, considerando a importância do respeito de algumas estruturas significativas do dado biológico — a recuperação do "corpo" como elemento constitutivo da subjetividade humana exige que não seja tratado de modo puramente instrumental — e a atenção privilegiada à "cultura", enquanto dado específico da natureza humana, natureza cujo conteúdo não pode ser definido sem se fazer referência à dimensão cultural da pessoa[32].

---

[31] Cf. SPAEMANN, R. *Persone. Sulla differenza tra "qualcosa" e "qualcuno"*, Roma–Bari, Laterza, 2005.

[32] Cf. CHIAVACCI, E. Legge naturale, in: COMPAGNONI, F.; PIANA, G.; PRIVITERA, S. (eds.) *Nuovo dizionario di teologia morale*, Cinisello B., San Paolo, 1990, 634-647.

A "NATUREZA" DO HOMEM

A relevância das funções orgânicas e biológicas na definição dos conteúdos da "lei natural" não está em discussão. A importância que essas funções assumem no processo de estruturação do *eu* faz delas a base do simbolismo elaborado da cultura. O corpo vai assumir, assim, o significado de elemento normativo do agir ou de forma obrigada do ato em virtude de seu próprio estatuto antropológico. Mas isso só poderá verificar-se corretamente à medida que a abordagem se dê não numa perspectiva rigidamente "fisicista", mas também "simbólica", e por isso elaborada pela "cultura"; em outras palavras, na medida em que não se identifica o corpo com o dado biológico, mas quando o corpo é considerado como o "corpo vivido", como pleno de sentido.

Nesse contexto, é possível compreender a razão pela qual não se pode considerar a "lei natural" como algo absolutamente "imutável"; enquanto ligada à "pessoa" e a sua "historicidade" constitutiva, ela se desenvolve em seus conteúdos, mas conservando formalmente a própria identidade originária, que lança suas raízes na dignidade do homem e que não pode (e não deve) ser jamais violada.

A natureza imutável do homem — escreveu Adriano Bausola — parece ser, então, um mito próprio de sociedades que não conseguiam modificar o homem: hoje se vê que o imutável pode ser modificado, que esse é apenas o presente (ou o passado, que antes se acreditava retornar sempre em ciclos que pareciam eternos).

E essa mudança — como afirma ainda Bausola — se torna possível por meio do exercício da liberdade criativa, que pode se manifestar

    ao se encaminhar a novas direções as tendências de fato plásticas do homem, potencializando o desenvolvimento de certos impulsos em prol de outros, e, por fim, modificando a

segunda parte

própria natureza do homem, modificando o *sóma*, e com isso também, talvez, o sistema dos impulsos[33].

A consciência de que os limites que separam "natureza" e "cultura" são menos nítidos do que se crê e que a linha de demarcação é, definitivamente, um produto da "cultura" não nos deve deixar esquecer que em cada caso há um limite inultrapassável, e que é essencial identificar critérios que permitam discernir o que é legítimo e o que não é. A referência à "pessoa" (e à dignidade humana), como um ponto decisivo irrenunciável, permite que se evite o perigo de incorrer tanto num "fisicismo", destituído de qualquer validade histórica, quanto no decair de uma forma de "positivismo historicista", que tem como resultado o relativismo.

A grande importância que se dedica ao fator cultural, que destina amplo espaço ao exercício da liberdade, explicita a interdependência da natureza humana, sua estreita conexão com a história, de tal modo que pode ser identificada com ela[34]. A imutabilidade da "lei natural humana", assim, só tem sentido em nível formal; é a pessoa que deve determinar a orientação, enquanto terreno em que a natureza reside e para onde tende; isso implica que o objetivo do agir moral é a personalização progressiva da natureza, isto é, a sua humanização.

A necessidade de uma codificação objetiva das instâncias deve deixar espaço, portanto, à criatividade do sujeito humano, que é, em última instância, chamado a encarnar nas situações diversas o conteúdo da lei, confrontando-o com as exigências humanas autênticas.

Autonomia da moral significa que — como escreveu D. Mieth — o mandamento encontra sua medida no homem, e não que

---

33   BAUSOLA, A. *Natura e progetto dell'uomo. Riflessioni sul dibattito contemporaneo*, Milano, Vita e Pensiero, 1977, 5 e 64 s.

34   Cf. STRAUSS, L. *Diritto naturale e storia*. Neri Pozza, Venezia, 1957.

o homem tem sua medida no mandamento. Que isso corresponde de forma genuína ao modo de ver cristão, mostra-o o próprio Jesus quando se posiciona em relação ao mandamento do sábado. Devemos aprender dele que a "nova" moral do Evangelho é um *éthos* de contínua renovação moral da vida, que deve se impor nos vários sistemas éticos. A *lex nova* ensina a sabedoria da vida, não o esquema de comportamento[35].

A "natureza", enquanto *natureza humana* em sentido específico, não é a premissa da liberdade humana, da qual são as leis físicas que delimitam o espaço, mas é a autorregulação da razão e da liberdade do homem. Em outras palavras, é o ambiente criado pelo homem e nos confrontos do qual ele exerce sua ação transformadora. A autonomia do homem, que tem sua finalidade em si mesmo — fim de onde brota decisivamente a normatividade —, é, portanto, real, mesmo que não seja absoluta, tendo de se haver constantemente com a estrutura profunda que a constitui.

5 Reflexões conclusivas

As considerações feitas até aqui nos permitem formular algumas conclusões que se constituem num ponto de chegada, representando ao mesmo tempo o ponto de partida para um aprofundamento ulterior.

[a] Quando se faz referência ao âmbito humano, parece evidente, antes de tudo, a necessidade de *superar a contraposição entre "natureza" e "cultura" e instituir entre ambas uma correlação positiva*. A "natureza" do homem é essencialmente uma "natureza cultural",

---

[35] Mieth, D. Norma morale e autonomia dell'uomo. Problema della legge morale naturale e sua relazione con la legge nuova, in: Goffi, T. (ed.), *Problemi e prospettive di teologia morale*, op. cit., 97.

no sentido de que a cultura é a via obrigatória para se ter acesso à "natureza". O homem realiza de fato sua própria "natureza" dentro de um universo sociocultural, que exprime um mundo, uma totalidade; todavia, não pode ser reduzido completamente a esse universo. Isso significa que, para além das culturas (e de sua diversidade), surge a transcendência do homem, a sua "humanidade" (*humanitas*); significa que, para além das diferenças marcantes, toda e qualquer cultura manifesta traços comuns, que constituem o fundamento próprio da pluralidade das culturas.

As transformações hodiernas, guiadas por critérios utilitaristas, que firmam suas raízes no poder conquistado pela técnica e pelo mercado, correm o risco de negligenciar e até anular esses traços humanos originários, que são absolutamente preservados, porque constituem o próprio fundamento da dignidade humana, que é considerada o critério normativo de todo e qualquer agir moral. Nesse sentido, a "natureza" representa o "já dado", que não deve ser compreendido, porém, em sentido estático ou determinista, mas em sentido dinâmico e gerador — "natureza" provém e tem parentesco com "nascimento" — influenciado constantemente pela cultura, que os redefine e os atualiza.

A relação entre "natureza" e "cultura", portanto, é pensada no sentido de uma dialética aberta, na qual os dinamismos naturais, não totalmente pré-constituídos, mas abertos, se interconectam com os impulsos inovadores dos processos culturais, instituindo uma relação positiva — como nota P. Ricci Sindoni — entre a matéria das *coisas* (natureza) e a matéria das *palavras* (cultura)[36]. Um acordo que permita tanto sair da tentação do fisicismo naturalista quanto do reducionismo cultural, correlacionando de maneira fecunda as duas grandezas no âmbito da realidade do humano.

---

36 RICCI SINDONI, P. Natura e cultura del terzo millennio, in: *Coscienza* 4/6 (2007), 20-27.

[b] A possibilidade de implementar esse entrelaçamento positivo está ligada, porém — e esse é o segundo dado conquistado pela reflexão que aqui se desenvolveu —, à *consideração da relação entre "natureza" e "cultura" nos quadros da experiência humana real, adotada na perspectiva de uma ordem simbólica adequada.* Como foi mostrado, se se considera a subjetividade como horizonte global, a reflexão sobre a "natureza" (e sobre a "lei natural") não se pode exaurir no plano conceitual, mas deve abrir-se, na busca dos conteúdos, à globalidade da experiência humana; não exclui as dinâmicas sensíveis que formam a base do constituir-se do humano, não esquecendo, porém, ao mesmo tempo, que a vida humana não é uma forma biológica, mas uma experiência de sentido doado. Contudo, a natureza não pode ser identificada simplesmente com um "dado" objetivamente definível em sentido positivista; ela é concebida, antes, como um conjunto de "experiências originárias" a respeito das quais o *eu* é essencialmente receptivo e às quais é possível aceder apenas através da mediação da linguagem e da cultura.

 Seria como afirmar que o conhecimento da realidade originária constitutiva do humano, que representa o horizonte a que remete toda e qualquer cultura, é fruto de uma abordagem permanentemente aberta, uma abordagem hermenêutica que se aproxima do que é ao mesmo tempo a origem e o fim do humano — é o que vem primeiro e o que vem antes —, sem a pretensão de querer dar-lhe uma definição completa, mas com o único objetivo de compreendê-la dentro de uma óptica que remeta a uma constante ulterioridade.

 A perspectiva que se apresenta, assim, como plausível é a adoção de uma forma de racionalidade "simbólica", que evita o risco de decair numa interpretação cientificista assim como também a adesão a uma estreiteza metafísica árida, movendo-se na lógica do símbolo, superando qualquer forma de dualismo e de monismo reducionista; em outros termos, salvaguardando a diferença entre "natureza" e "cultura" e iluminando a interação positiva que está na raiz do humano.

[c] Por fim, são muitas as razões que nos levam hoje a considerar como equívoco o conceito de "natureza" (e de "lei natural") aplicado ao homem, e que levam a substituí-lo, introduzindo (mesmo em nível terminológico) a distinção (aliás, clássica) entre o âmbito cósmico (e, de maneira mais genérica, infra-humano), reservando para esse o emprego do termo "natureza", e o âmbito humano, em que talvez seja mais acertado falarmos de "humanidade" (*humanitas*), termo que define melhor a especificidade do humano e permite orientar a conduta do homem de maneira mais apropriada.

Para além da vertente histórica jusnaturalista, que acabou identificando a "natureza" com uma visão essencialista e fisicista, as interpretações atualmente recorrentes oscilam entre uma forma de positivismo rígido (valorizado pelas contribuições das neurociências em sua versão mais radical), para o qual o humano reduz-se a essa, e a negação da própria possibilidade de reconhecer sua existência em nome de uma "cultura" que absorve em si toda a identidade do humano.

> A crise do conceito de "natureza humana", a tendência de reduzir tudo a "cultura", ou, como acontece hoje, a "natureza", seguindo um esquema rigidamente bioevolucionista [...], o uso policialesco, em certo sentido, que no passado foi utilizado para definir o conceito de "normalidade" humana e a distinção entre "normal" e "patológico", são todos elementos que certamente ajudam a compreender a dificuldade atual de interpretar a natureza criatural do homem e a pluralidade das culturas em sentido relativista[37].

---

37 BELARDINELLI, S. Vissuti elementari e configurazione dell'identità umana, in: ANGELINI, G. et al. (eds.), *I principi dell'umano e la molteplicità dele culture*,

A "NATUREZA" DO HOMEM

O recurso ao termo "humanidade" (*humanitas*) para recuperar a instância de onde nasceu a exigência de apelo à "natureza" está, ademais, perfeitamente em sintonia com a leitura personalista, que se mostra hoje bem mais convincente. É o que se subentende claramente nas reflexões de E. Tugendhat, que defende (sem falar de "natureza") que,

> nas relações humanas, há algo que se apresenta como válido para todos; e isso consiste num dado anterior a qualquer discurso, que se mostra na relação consigo mesmo [...] e com os outros[38].

A ideia fundamental que se reflete no termo "humanidade" (*humanitas*) está ligada à existência de "algo" que pertence constitutivamente ao humano (e que deve ser respeitado se não se quiser incorrer no perigo de perder sua identidade) e a sua recondução ao reconhecimento de que cada homem é investido de uma dignidade absoluta que deriva do fato de ele ser uma pessoa; essa dignidade pode ser plenamente percebida apenas num contexto de reciprocidade.

---

[38] op. cit., 50. Cf., também do mesmo autor, *La normalità e l'eccezione. Il ritorno della natura nella cultura contemporanea*, Soveria Mannelli, Rubettino, 2002. TUGENDHAT, E. *Problemi di ética*, Torino, Einaudi, 1987, 126. Tugendhat propõe uma ética intersubjetiva, a qual não se baseia simplesmente — como defende J. Habermas (*Cultura e critica*, Torino, Einaudi, 1980) — no acordo entre indivíduos, mas em algo de ulterior, radicado na estrutura mais profunda do humano.

terceira parte
Questões de ética aplicada — a pessoa como último referente

A terceira e última parte do volume aborda diretamente uma série de questões ligadas a âmbitos específicos da reflexão moral que revestem uma importância e uma atualidade consideráveis. As orientações básicas identificadas nas duas partes anteriores, que descendem das categorias de pessoa, corpo e natureza, irão confrontar-se aqui com situações existenciais e nós críticos que merecem, por sua importância, uma atenção privilegiada.

Um primeiro ensaio será dedicado à bioética. Se as possibilidades de intervenção manipuladora em si mesmo e no mundo conquistado pelo homem graças ao progresso científico-tecnológico no campo biomédico, de um lado, favorecem a evolução da vida, de outro, abrem cenários novos e prenhes de riscos. A racionalidade instrumental, que toma a dianteira hoje e que é marcada pela equação entre "saber" e "poder", leva à aceitação indiscriminada de qualquer intervenção manipuladora, com base no pressuposto de que tudo que é "tecnicamente possível" é também "moralmente legítimo" (inclusive, de ser buscado) porque seria "humanizante". O conceito de "pessoa" reage a essa impostação remetendo ao reconhecimento de uma dignidade que não pode ser violada por nenhum motivo e que se torna o dado a que se deve fazer referência para avaliar qualquer ação manipuladora, determinando o limite que essa deve respeitar. Há ou-

TERCEIRA PARTE

tros aspectos ainda a serem analisados. Por intermédio dessa teoria, a subjetividade adquire um caráter social intrínseco que subtrai a bioética do risco da redução individualista e a força a prestar contas das falhas que as várias intervenções do homem acabam promovendo sobre toda a coletividade (capítulo 4).

O ensaio que se segue, por outro lado, tem como objeto a questão preocupante das relações entre ética e política. A constatação de que a crise em que está enredada a política hoje não está ligada apenas aos aspectos institucionais ou à falta de mudanças das "regras do jogo", mas tem raízes mais profundas que atingem a esfera dos valores morais, torna transparente, sobretudo, a exigência de se recuperar uma instância robusta da ética, capaz de imprimir uma orientação de fundo na ação humana. Trata-se, por um lado, de conceber subjetivamente o empenho político como serviço da *pólis* e, por outro, de ver objetivamente a ação política como práxis voltada para o bem comum, a emancipação e a libertação humana. A visão personalista não se limita, porém, a isso. Implica também os aspectos culturais e ideológicos, que orientam diretamente a política, provocando a superação tanto do individualismo liberal quanto do coletivismo marxista, colocando em destaque a necessidade da mediação entre o "pessoal" e o "social", entre o "privado" e o "público" (capítulo 5).

O volume se conclui, finalmente, com uma abordagem das "questões eticamente sensíveis", que ocupam o centro da "ética pública" e que têm reflexos imediatos no campo da legislação. A perspectiva privilegiada, aqui, parte tanto da recusa de se fazer referência a uma ética particular — religiosa, ideológica, cultural, social — quanto da renúncia a qualquer pressuposto valorativo, com o consequente recurso a um critério sociológico, para abrir espaço à busca de um *éthos* partilhado, fruto de um debate público em que se envolvem diversos componentes da sociedade. O paradigma a que se faz apelo aqui é o de uma "ética da responsabilidade", compreendida como um modelo formal,

terceira parte

em cujas bases se deverá articular as variadas posições para que os confrontos sejam efetivos (capítulo 6).

O momento prático, que envolve esta última parte, torna definitivamente evidente a fecundidade das categorias que ocupam o cerne do volume — em particular, as categorias da "pessoa" —, permitindo que se perceba consequentemente a importância de uma fundamentação da ética que evite tanto a estreiteza dos posicionamentos metafísicos tradicionais quanto a decadência no subjetivismo e no relativismo.

Capítulo 4
Bioética e refundamentação da ética pública

A precariedade e a indeterminação que caracterizam hoje a vida cotidiana num contexto marcado pelo afirmar-se, em nível epistemológico, do paradigma da "complexidade" (Edgar Morin) — basta recordar aqui a quantidade cada vez mais consistente de eventos não previstos (e não previsíveis) —, e as enormes possibilidades de manipulação da vida, derivados do progresso da técnica em campo biomédico, forçam o homem a fixar limites precisos a sua própria ação; para serem corretamente definidos, esses limites requerem a determinação de um novo horizonte teórico de referência. Nesse enquadramento, a ideia de "pessoa" parece ser a mais idônea a preservar o *éthos* da dignidade humana, radicando-o em sua titularidade originária.

Acrescente-se que essa ideia representa, por um lado, o melhor caminho para sair da estreiteza individualista moderna que dividiu a realidade humana em tantos universos subjetivos sem possibilidade de comunicação; e, mais radicalmente, para superar os redutivismos antropológicos, tanto de natureza materialista quanto espiritualista, além da tentação de fortes unilateralidades, próprias das formas de especialização analítica[1]. O conceito

---

[1] Essas são as razões pelas quais, apesar de certa fraqueza teórica do personalismo em sua formulação histórica, isso acabou adquirindo, hoje, uma nova autoridade prática, a ponto de fazer com que Paul Ricoeur — como já recor-

TERCEIRA PARTE

de pessoa adquire, assim, o valor de uma perspectiva global por meio da qual se deve observar os processos da vida, apreendendo seu sentido humano autêntico e dispondo-se à salvaguarda sua especificidade: a saber, da pessoa — como observa Kant —, se pode falar apenas em termos de "dignidade", e não de "preço".

Apesar da fecundidade desse conceito, será preciso denunciar, ainda, os limites ligados ao uso que dele se faz no debate bioético atual. Se oscila, ali, desde uma interpretação de tal modo ampla que acaba por se esvaziar sem alcance crítico-valorativo, até uma interpretação inversamente bem pouco esquemática, que o transforma num pressuposto ideológico rígido[2]. No primeiro caso, a ausência de uma definição consistente da pessoa favorece um processo desagregador que se traduz numa multiplicação indefinida dos direitos, reabrindo, assim, o caminho para a lógica individualista; no segundo, a presunção de validade universal, com caráter apenas aparente, coincidindo de fato com uma concepção cultural limitada — a concepção ocidental —, irá impedir toda e qualquer forma de diálogo intercultural verdadeiro e criar as condições para o surgimento de contraposições e conflitos.

Se quisermos, portanto, que o conceito de "pessoa" forneça uma contribuição fundamental para a abordagem dos problemas complexos (e inquietantes), como os próprios da bioética, será necessário repensá-lo não apenas como um conceito fechado e onicompreensivo, mas como um critério heurístico para uma

---

damos — afirmasse que, se o personalismo perdeu a batalha do conceito, recuperou, porém, uma centralidade indiscutível no campo sociopolítico.

[2] Para uma análise dos debates atuais, cf. AGAZZI, E. (ed.), *Bioetica e persona*, Milano, F. Angeli, 1993; BONIOLO, G.; DE DONNA, G.; VICENTI, U. *Individuo e persona. Ter saggi su chi siamo*, Milano, Bompiani, 2013; PALAZZANI, L. *Il concetto di persona tra bioetica e diritto*, Torino, Giappichelli, 1996; MORDACCI, R. La nozione di persona nel dibattito italiano in bioetica, in: *Per la filosofia* 25 (1992), 82-92; POSSENTI, V. *Il principio persona*, Roma, Armando, 2006; VIAFORA, C. Dire persona in bioetica, in: PAVAN, A. (ed.), *Dire persona. Luoghi critici e saggi di applicazione di un'idea*, Bologna, Il Mulino, 2003, 147-173.

interpretação aberta da realidade, sem renunciar, assim, à delineação precisa de seus contornos essenciais. A retomada do conceito de pessoa implica, portanto, levar em consideração de forma séria a instância fundamental que lhe está à raiz e que parece ter adquirido uma nova atualidade em nossos dias; essa instância pode ser identificada com a que J. Maritain definia como "preocupação personalista", que não se encaixa em nenhuma conceituação e esquematização tanto da tradição clássica quanto da moderna e pós-moderna.

Trata-se, portanto, de sair do terreno de correntes de pensamento consolidadas para que se possa apreender o núcleo profundo de verdade guardado no seio dessa ideia, que pode ser resumido na afirmação da *unidade* como ponto de partida para uma reflexão sobre os vários aspectos do ser humano e, mais em geral, sobre a experiência humana. Ou, ainda, trata-se de concretamente dar corpo à exigência de socialidade (e de solidariedade), tarefa hoje particularmente urgente em consequência do processo de globalização, reencontrando no conceito de "pessoa" a razão última (e imprescindível) da relacionalidade humana, e, portanto, o fundamento e a nascente de toda e qualquer abertura social.

O princípio-pessoa, como elemento unificador da realidade humana e catalizador de sua validade social, permite que se estabeleçam os pressupostos nos quais a bioética deve ater-se em sua avaliação dos atuais processos manipuladores, tendo em mente o respeito e a promoção do bem humano. Como tal, a pessoa é destinada a tornar-se o patrimônio comum de referência, pois a ela é possível reconectar aquela *humanitas*, que está além das diferenças culturais e que coincide com a tomada de consciência do humano em suas raízes derradeiras. Nesse sentido, ela pode adquirir o significado

> da denotação daquela intenção radical da humanidade que se faz presente em *todo* ser humano (e não só um *fato* de razão

TERCEIRA PARTE

ou de corporeidade, ou de comunidade) e é *para* e *em* todos os seres humanos (contra toda e qualquer *conventio ad excludendum* individual, social, econômica, religiosa, cultural...). Assim, a pessoa terá a ver sempre mais e irá expressar de forma cada vez mais compreensiva (para o enriquecimento sucessivo que virá da competição e do conflito indicados pela filosofia, pelas religiões, pelas ciências e pelas culturas) o *direito de ser homem simpliciter*[3].

No contexto dessa reflexão, que atribui ao conceito de "pessoa" traços específicos, mas não preclusivos, inserem-se as notas que propomos, com o fim de evidenciar a possibilidade de restaurar na pessoa (e em sua dignidade) um limite objetivo aos processos de manipulação da vida humana [1] e a indicação de uma perspectiva social a que possa se referir para suas análises corretas [2], de modo a conseguir formular as diretrizes de uma ética pública que faça frente (mesmo no terreno legislativo) à necessidade de indicações concretas [3].

1 A DIGNIDADE DA PESSOA COMO LIMITE À MANIPULAÇÃO DA VIDA

As possibilidades de intervenção do homem em si mesmo e no mundo, fornecidas pela ciência (e, sobretudo, pela tecnologia), fazem surgir com cada vez mais evidência a necessidade de impor limites bem definidos à ação manipuladora; esses limites devem ser respeitados por cada pessoa humana e por todo e qualquer poder. Em outras palavras, trata-se de tutelar uma área de bens intangíveis, que, como tais, devem ser subtraídos de qual-

---

3   PAVAN, A. Dire persona nell'età globale dei diritti umani, in: ID. (ed.), *Dire persona*, op. cit., 147,173.

quer forma de intervenção manipuladora. Isso vai mostrando cada vez mais sua contingência quando se leva em conta — como salienta justamente E. Morin — que, nessas últimas décadas, tem se verificado a passagem do modelo epistemológico da ciência geométrico-mecânica para o modelo da ciência complexa, que apresenta como elementos problemáticos a contradição e a parcialidade, com as quais a própria ciência tem de se haver[4].

Ao encontro do aumento do poder do sistema vem a ampliação, com progressão crescente, da sua imprevisibilidade e vulnerabilidade, de tal modo que subsiste uma proporcionalidade direta entre as novas possibilidades de intervenção e os riscos conexos a essas. As previstas (e previsíveis) consequências das ações são uma parte cada vez mais limitada das ações reais, de tal modo que o homem acaba perdendo o controle do sistema em sua globalidade. A exigência de determinar precisamente o que deve ser evitado vai tomando a forma de um imperativo sobre "sustentabilidade" que não deve limitar-se apenas em nível ambiental, mas estender-se, em sentido bem mais radical, a uma pluralidade diversificada de níveis — intersetorial, epistemológico, intercultural e valorativo —, tendo ciência de que se está colocando em jogo a própria existência do gênero humano[5]. Seria

---

4   Cf. MORIN, E. *Il paradigma perduto. Com' è nata la natura umana?*, Milano, Feltrinelli, 1994.

5   O conceito de "sustentabilidade" precisa de mais esclarecimentos, tanto em seu conteúdo conceitual quanto em suas implicações práticas. A sustentabilidade representa factualmente um método de abordagem da realidade que se opõe tanto aos absolutismos fixos quanto aos relativismos radicais. O que se busca com isso é a *preservação* como resultado de um processo aberto entre necessidade e possibilidade, com a renúncia de formas hipertrofiadas, que já não correspondem à compatibilidade real humana e ambiental. O que se deve interpelar ali é a *cultura*, compreendida como um *cultivar* que deve ser ao mesmo tempo um cultivar-se, isto é, um conservar e desenvolver a própria identidade. Determina-se, assim, uma relação de profunda interdependência entre cultura e identidade, no sentido de que, se é verdade que a cultura

terceira parte

como afirmar que à ampliação das possibilidades de intervenção manipuladora deve corresponder um crescimento da consciência na adoção de iniciativas de prudência e vigilância.

1.1 A reação ao modelo da racionalidade tecnológica

A possibilidade de dar andamento a comportamentos inspirados na "sustentabilidade" se vê ameaçada hoje da prevalência, dentro de nossa cultura, de um modelo de referência que tende a ganhar exclusividade: o modelo da racionalidade tecnológica e instrumental. A crise da razão clássica, inclusive a razão iluminista que marcou a era da modernidade[6], encontrou vazão numa forma de acesso à realidade de caráter prático e calculista, que implica por si a redução da questão voltada ao sentido.

A afirmação desse paradigma, cuja gênese remonta a fatores de natureza diversa, com raízes inclusive no passado[7], faz

---

não pode realizar-se desvinculada da identidade, sendo o critério de fundo de verificação da eficácia dos seus processos, não é menos verdade, por seu turno, que a identidade não pode realizar-se nem sequer crescer a não ser no interior de um processo cultural que vai redefinindo continuamente seus traços. A possibilidade de conquistar um verdadeiro equilíbrio (mesmo que seja sempre *in fieri*) entre esses polos opostos está ligada à aquisição de uma postura subjetiva inspirada na prudência; um comportamento fundado na busca de uma medida mais humana (ou a menos desumana) possível no agir.

6   Sobre a crise da razão, cf. GARGANI, A. (ed.), *Crisi della ragione*, Torino, Einaudi, 1985.

7   Os gérmens dessa guinada já podem ser vistos implicitamente no pensamento de Descartes. Mas sua atualização plena só se deu em época recente, como consequência do *boom* da ciência e da técnica. Os traços que qualificam esse posicionamento são: o deslocamento do eixo do horizonte metafísico para um novo horizonte empírico-calculista, a atribuição a esse novo horizonte de uma qualidade "prática", e, por fim, a reinterpretação do homem em termos de vontade.

surgir uma antropologia que atribui o primado absoluto à vontade humana, com a consequente radicalização da possibilidade (e com a exclusão da necessidade), interpretada a partir da perspectiva puramente tecnológica. A supressão da distinção entre ciência e técnica, em favor dessa última (ou, melhor, da tecnologia), transforma a técnica em *lógos* (e o *lógos*, por sua vez, em *téchné*), esvaziando não só as distinções tradicionais, no âmbito prático, entre o elemento ético e o poiético, mas reduzindo também a valorização do agir à pura "facticidade", isto é, à mera consideração do resultado.

Assim, possibilidade tecnológica e possibilidade humana são consideradas coincidentes, de tal modo que o que é tecnicamente possível se torna automaticamente legítimo no aspecto ético. A *ratio* da modernidade vem marcada pela equação entre "saber" e "poder", e esse último é identificado com a expropriação constante da realidade, em virtude de uma vontade de potência ilimitada. O pensamento se vê reduzido a um pensar-por-tecnicidade, em que a preocupação fundamental é o esforço de ordenamento de conceitos compactando-os entre si, prescindindo de qualquer outra questão, e, assim — como foi mencionado —, inclusive da busca de um sentido.

As imensas potencialidades de manipulação da realidade à disposição do homem hoje precarizam a adoção desse paradigma e impõem a necessidade de submetê-lo a um exame crítico minucioso. Está em jogo o destino do homem e da identidade da espécie humana. É por isso precisamente que A. Pavan, observando que o atual processo de crescimento tecnológico se constitui num salto de qualidade verdadeiro e próprio em relação ao passado, não hesita em invocar uma nova forma de discernimento e de exercício da responsabilidade.

Parece que — escreve ele — o novo discernimento que se faz necessário hoje em relação ao quesito tecnológico, a crise que toma conta dele e a não "naturalidade" desse fator têm a ver

terceira parte

não mais apenas com a ameaça da natureza representada pelo poder de causalidade conquistado pelo homem; foi essa a razão do despertar da responsabilidade, característica do tempo da bomba atômica, de onde partiu também uma consciência ecológica mais geral. Uma vez, porém, que essa ameaça está sempre pesando sobre nossas vidas, se abre uma nova linha de crise no fator tecnológico; e este se dirige de maneira sempre mais sofisticada e eficaz à nossa natureza, a natureza do homem, inclusive à própria constituição da vida. O homem vai tomando controle cada vez maior, pensando, inclusive, que pode substituir o velho princípio da natureza na determinação do devir e ausentar-se da vida. Qual discernimento, qual nível de responsabilidade, quais são os foros de decisão necessários para gerir de maneira humanamente sensata esse poder de possibilidades adquirido? A resposta está bem diante de nós; as velhas respostas nos adestram de modo desajeitado, enquanto o homem tende a desconfiar sempre mais do próprio homem e de seu poder[8].

O estado de desconforto existencial, ou, mais radicalmente, de mal-estar ontológico em que desembocou a condição humano hoje — basta pensar no modo como o medo passou de seu caráter "cosmocêntrico" para um caráter "antropocêntrico", no sentido de que o homem já não tem mais medo do mundo que não conhece e não domina, mas do domínio que ele exerce sobre o mundo e sobre si mesmo — torna necessária a busca de uma medida que estabeleça as razões do agir humano com respeito às possibilidades ligadas ao potencial tecnológico e à sua lógica interna. Em outros termos, isso significa que, embora levando em consideração as modificações que produziram a ciência e a técnica na imagem do homem e do mundo — modificações que

---

8   PAVAN, A. Dire persona nell'età globale dei diritti umani, in: ID. (ed.), *Dire persona*, op. cit., 533 s.

parcialmente são aceitas como uma oferta de novas perspectivas de engajamento —, torna-se um dever questionar-se a respeito dos resultados negativos que podem surgir dali, ultrapassando o nível analítico e apelando para um nível interpretativo mais amplo, que exige (e não pode não exigir) que se recorra à filosofia como critério último de juízo. Em última análise, é necessário reconhecer — como observa Paulo Mirabella — que,

> conceitualmente, a relação entre ética e ciência não é imediata, mas mediada, antes, pela contribuição irrecusável daquele momento da pesquisa humana que se ocupa da gestão do sentido, que definimos como filosofia. Em outras palavras, a *razão prática* dispõe da *razão teórica*, esperando desta respostas de sentido e de significado, com base nas quais possa responder às questões éticas que surgem da cotidianidade, assim como de qualquer outro ambiente (*éthos*) em que o homem atua, inclusive no âmbito da ciência[9].

1.2 A fecundidade do conceito de dignidade humana

O conceito de pessoa, na medida em que se pode extrair deste o conceito de uma dignidade que não pode ser violada de modo algum, torna-se, nessa perspectiva, o dado a que se deve referir para estabelecer o limite que deve respeitar a ação manipuladora, se quisermos salvaguardar o bem humano. A razão fundamental pela qual a pessoa não pode ser considerada apenas como um elemento funcional, e que, portanto, não pode ser ins-

---

[9] MIRABELLA, P. Etica della ricerca scientifica, in: *RTM* 146 (2005), 219. Para um aprofundamento dessa instância, cf. LADRIÈRE, J. *L'etica nell'universo della razionalità*, Milano, Vita e Pensiero, 1999; HABERMAS, J. *Il futuro della natura umana. I rischi di uma genetica liberale*, Torino, Einaudi, 2002.

trumentalizada, é sua unicidade: é dessa razão que nasce o "pudor", um sinal destinado a preservar a sua esfera de intimidade, e a "dignidade", que é seu contraponto ético.

Entre os seres — observa Valadier — há uma espécie na qual nós próprios falamos, por meio da qual nós nos representamos e não queremos que seja instrumentalizada: é a espécie humana. Ou, mais precisamente, sendo a espécie humana uma abstração, referimo-nos a ela apenas por intermédio de pessoas singulares e identificadas. O respeito é regido pela pré-compreensão da dignidade da pessoa. Na realidade, é a percepção da dignidade da pessoa que suscita o respeito, vale dizer, uma relação extremamente fundamental, que não pode ser reduzida a uma relação de utilidade. Ela pressupõe, em suma, o *encontro de uma proibição*: essa realidade, a realidade do homem, não permite que ele seja tratado apenas como objeto, um meio, um instrumento[10].

A dignidade é, portanto, constitutiva de ser pessoa e, como tal, fundamenta o próprio direito aos direitos e aos deveres. A sua razão de ser está radicada na humanidade, e é por essa caracterizada, e, não estando ligada a razões externas, goza de um caráter incondicional pleno. A dignidade não é, portanto, algo acrescido à pessoa, que lhe seja conferido ou atribuído, mas algo inerente à sua realidade mais profunda, que deve ser, por isso, simplesmente reconhecido.

E, no entanto — como salienta justamente A. Pavan —, dizer "pessoa", na concepção de si, nesse contexto, acaba se tornando uma espécie de destino inevitável: somente para um humano transespecífico, partícipe ciente do caráter transcendental,

---

10   VALADIER, P. Dignità della persona e diritti dell'uomo, in: PAVAN, A. (ed.), *Dire persona*, op. cit., 406.

diferente da determinação empírica de uma espécie de natureza, é sensato reconhecer e defender sua dignidade. Quando se fala em dignidade, com efeito, não se está afirmando um valor particular que reconhecemos e "valorizamos" no âmbito do intercâmbio social: afirmamos um metavalor, uma espécie de extraterritorialidade ou um excedente com relação ao intercâmbio social, ao que este toma como custódia, mas que também é medido e avaliado. O sujeito próprio dessa dignidade não pode ser impessoal, ou seja, um si mesmo que componha (dimensões) e abra (de maneira transcendental), que é evocado precisamente pelo termo *pessoa*[11].

O recurso ao conceito de dignidade humana, que vem ligado à exigência de respeitar o que pertence constitutivamente ao ser do homem, e que por isso é salvaguardado de forma absoluta, leva ao reconhecimento de uma área protegida que nenhum processo manipulador pode violar. É aqui que a bioética vai encontrar uma referência fundamental: frente ao caráter invasivo da tecnologia, a determinação de um limite, que impeça a queda na alienação humana, é postulada como necessária. A tendência à perda dos confins entre natureza e cultura em favor do domínio sempre mais amplo do elemento artificial constitui um grande perigo, que só pode ser represado pela capacidade de redefinir a linha de demarcação entre aquilo que é humano e aquilo que não é, sem estabelecer *a priori* regras fixas, mas procurando novas formas de tutela e de promoção do humano, tendo como base um conceito acertado de pessoa que se apoie no caráter absoluto da própria dignidade.

O reconhecimento dessa exigência representa, ademais, um elemento presente, de forma explícita ou, via de regra, implicitamente, também no âmbito da cultura contemporânea. A

---

11   PAVAN, A. Dai personalismi alla persona, in: ID. (ed.), *Dire persona*, op. cit., 31 s.

TERCEIRA PARTE

figura da dignidade humana é assumida realmente pela *Carta dos direitos humanos* como valor fundamental de ordem prática universal, na medida em que provém do *éthos* comum da humanidade. A percepção de que a natureza do homem é diferente da natureza das demais coisas — a saber, como pessoa — gera um sentimento fundamental, que forma a base do progresso da consciência moral da humanidade e que se traduz na adoção de comportamentos inspirados no *respeito* e no *cuidado*.

A inviolabilidade da vida humana, em sua mais ampla concepção, vai encontrar aqui a sua raiz: a dignidade da pessoa serve de fundamento para que, no plano moral, se tornem inaceitáveis intervenções que coloquem em perigo não só a dimensão física como também (e sobretudo) a qualidade especificamente humana. A drástica separação entre "sermos vivos" e "termos uma vida para viver", entre vida em sentido biológico e vida em sentido biográfico (atribuindo a dignidade apenas a essa última), nasce de um dualismo inconsequente, que não considera a corporeidade como dimensão constitutiva do ser humano[12]. A relação entre consciência e vida denota uma caráter intrínseco: de fato, a vida é a condição da possibilidade de abertura a um sentido que nos precede e nos supera, e por isso merece ser protegida[13].

Por outro lado, não se pode esquecer — e esse também vai ser um fator essencial para um discernimento correto das questões da bioética — que, mais que uma realidade consumada, a pessoa é uma "atitude" (Paul Ricoeur); em outras palavras, a ontologia do ser pessoal, enquanto ser intrinsecamente aberto, é uma ontologia dinâmica; ou, mais precisamente, para a determinação do próprio conceito de pessoa, é essencial a definição da relação

---

12 É essa a posição de RACHELS, J. *La fine della vita. La moralità dell'eutanasia*, Torino, Sonda, 1989.

13 Reflexões interessantes sobre esse tema se encontram em ANGELINI, G. Rispetto della vita e idea della vita tra bioetica, antropologia e teologia, in: *Filosofia e teologia* 2 (1996), 233-244.

entre natureza e cultura, isto é, entre dimensão ontológica e dimensão histórica, ambas constitutivas de sua identidade. Assim, a preservação da dignidade não pode ser concebida como pura conservação, mas como um processo em aberto, que, de um lado, vai dando espaço para a possibilidade de intervenção na natureza do homem para modificá-la ou manipulá-la, e não esquece, de outro lado, o dever de respeitar o limite, constituído pela infraestrutura intangível do humano que não pode ser alterada.

Por fim, a bioética é convocada a indicar, tanto num âmbito valorativo quanto num nível de orientação, o ponto de equilíbrio (a ser sempre de novo redefinido) que deve caracterizar a relação entre inovação e conservação, tendo ciência de que a pesquisa sobre novas modalidades de respeito da dignidade não pode prescindir do confronto com as modalidades preexistentes.

2 A necessidade de uma perspectiva social

Um dos limites mais graves presentes na bioética (pelo menos na forma histórica mais difundida nessas décadas) se constitui pelo privilégio, via de regra, de modo exclusivo, conferido a uma perspectiva de abordagem individualista, com a consequente dificuldade de integrar a valência social (aliás, consistente) das problemáticas abordadas. Nesse sentido, a avaliação corre o risco de unilateralidade, desconsiderando aspectos de grande importância que são integrados de modo absoluto, quando se busca analisar os processos manipuladores em curso na sua integralidade e chegar a juízos os mais objetivos possíveis.

O individualismo do pensamento moderno (que permeou a bioética, em especial a de origem anglo-americana) irá impedir de fato uma abordagem completa de questões que revestem grande importância social. A adoção de um modelo de ética pública de cunho utilitarista baseado no egoísmo subjetivo regulamentado não está em condições de interpretar processos que requerem ser postados num horizonte bem mais amplo. A concepção atomista do sujeito torna impossível, pois, a leitura e a valorização das necessidades (e dos direitos) na óptica de uma solidariedade que se estende não só à presente humanidade como também à futura[14].

O conceito de pessoa confere à subjetividade um caráter social intrínseco, que lhe retira o risco de redução ao individualismo. Aqui, a relacionalidade não é um dado acidental, uma realidade com a qual é preciso se haver necessariamente, devendo conviver com outras pessoas, mas uma dimensão essencial da definição do homem; este, na verdade, não se compreende e não se realiza a não ser como portador de uma relacionalidade intencional estreitamente ligada à sua natureza. O valor constitutivo da relação, o fato de que essa não representa apenas uma qualidade inerente a um indivíduo, mas um dado ontológico originário, tem uma incidência imediata tanto no campo antropológico quanto no âmbito ético. Se realmente a pessoa é o fundamento da sociedade (e não vice-versa), o homem não recebe valor no intercâmbio social, mas reivindica para si o reconhecimento da titularidade originária dos processos de valorização que se dão no intercâmbio e definem seus valores.

A dignidade humana, conceito ao qual se tem feito constante alusão, recebe seu significado pleno nesse contexto; a percepção da própria dignidade nos força a superar uma concepção da relação inter-humana centrada no mero critério de utilidade. A pessoa, como fundamento de uma relacionalidade,

---

14   Como observa com precisão M. Ignatieff, o *bem subjetivo*, que se expressa por meio da linguagem dos direitos e do contrato, é na realidade um *bem intersubjetivo* que não pode ser totalmente reduzido à única categoria da *subjetividade individual*. Cf. IGNATIEFF, M. *I bisogni degli altri. Saggio sull'essere uomini tra individualismo e solidarietà*, Bologna, Il Mulino, 1986.

que não "temos", mas "somos", nos abre a uma visão que acolhe, mas ao mesmo tempo supera tanto a perspectiva tradicional da "naturalidade" da dimensão social, para a qual a sociedade é dotada de uma "forma" metafísica presumida, quanto a perspectiva "culturalista" da artificialidade da construção social para servir de fundamento a uma ética do reconhecimento, do respeito e do acolhimento da diversidade[15].

A opção pela pessoa não como ente abstrato, mas como "ser concreto", obriga, assim, a se respeitar o próprio conceito de "bem comum" numa perspectiva epistemológica completamente nova, para a qual o que é singularíssimo, porque pertinente a cada pessoa, deve ser considerado como pertencente à esfera da sua definição, e, portanto, tutelado em termos absolutos contra qualquer tentação (mesmo se for expressa por uma maioria) de lesar sua consistência. O bem comum é, portanto, o bem de cada um e de todos, que em sua indivisibilidade originária adota o caráter radicalmente absoluto. É o que mostra com muita lucidez G. Limone, quando afirma que

> é preciso pensar o "comum" não só no *primeiro* nível — ou seja, no nível daquele "comum" que *prescinde*, radicalmente, das singularidades que estão radicadas nele — mas num *segundo* e num *terceiro* nível, ainda mais radical, que é aquele em que é o *próprio comum que tem o rosto do singular e é o próprio singular que constitui o comum* [...]. Assim, teoricamente, é preciso conquistar o nível em que é o próprio comum que é singular porque é o próprio singular que é comum — mas

---

15 É essa a óptica da reflexão de Paul Ricoeur, o qual afirma que, visto que a "carne" atesta uma referência interna ao "si mesmo" e, ao mesmo tempo, revela como a alteridade é constitutiva do "si mesmo", confere um fundamento ontológico a uma ética da reciprocidade relacional fundada no respeito recíproco e sobre o empenho recíproco de promoção humana (cf. RICOEUR, P. *Sé come un altro*, Milano, Jaca Book, 1993).

numa perspectiva em que o *comum* jamais coloca em risco o *singular* como tal, porque esse último permanece, em vista do juízo reflexivo que o compreende, o seu comum — ou seja, o comum do singular no comum[16].

O conceito de pessoa absorve, portanto, uma importante função heurística não apenas enquanto fundamenta a socialidade (residindo intrinsecamente na relacionalidade do sujeito), mas também define, em seus contornos essenciais, o conceito de "bem comum", permitindo a superação do individualismo, para o qual esse se reduz (e não pode não ser reduzido) ao simples resultado de um consenso obtido por meio de contrato, assim como do coletivismo, para o qual a singularidade é totalmente cerzida em favor de uma socialidade rasa e homologável.

3 Perspectivas para a recuperação de uma ética pública

A difícil tribulação que a ética pública está atravessando, sobretudo por causa do pluralismo de valores que marca nossa sociedade — o "politeísmo dos valores" antecipado por Max Weber

---

16   LIMONE, G. *Dal giusnaturalismo al giuspersonalismo. Alla frontiera geoculturale della persona come bene comune*, Napoli, Graf, 2005, 125. O fundamento dessa concepção, para Limone, reside na realidade da pessoa concreta, tomada em sua singularidade radical. "A humanidade inscrita na própria concretude singular — escreve ele — é a 'pessoa'. Esse é o homem singular, concreto, *não* o ser humano em geral. Essa 'pessoa' é o *homem concreto e a sua ideia*. É *o fruto de um olhar empírico e de um juízo reflexivo*. Nessa 'pessoa' vamos encontrar radicada uma ideia — em grau singular — com validade *universal*, que é 'lugar' de um 'logos' para o 'diá-logo'. E em seu ser tal é *ponte essencial* para passar da 'humanidade *de* mim' para a 'humanidade *em* mim'. E, daqui, passar para o mundo das instituições da civilidade. Enquanto tal, essa 'pessoa' é o 'bem comum'. No sentido que é 'bem comum singularmente declinado' e 'singularidade no grau de bem comum'" (79).

como consequência do "desencantamento do mundo" —, gera um ceticismo difuso nos confrontos de sua própria possibilidade de sobrevivência. A tendência dominante é, então, renunciar, sobretudo na formação jurídica dos processos sociais, a qualquer pressuposto ético, para adotar uma perspectiva meramente procedural, tomando como referência parâmetros de utilidade[17].

Os limites dessa imposição são muito evidentes: um processo meramente procedural, que não seja precedido de um conteúdo — portanto, sem qualquer suporte preciso a que se referir —, leva à aceitação acrítica de toda e qualquer intervenção manipuladora, em nome do respeito da liberdade individual, e pode proporcionar resultados preocupantes para o bem do indivíduo, da coletividade e, atualmente, também da espécie.

A exigência de que a ação política e legislativa (sobretudo, em relação a questões de grande delicadeza como a da bioética) se baseie em argumentações racionais fundamentadas na ética está — segundo nos parece — fora de discussão. Mas a ética a que se deve fazer apelo precisa lançar suas raízes em morais vivas que compõem a vida dos cidadãos; morais que se devem confrontar mutuamente num debate livre e público[18]. Isso tornou-se possível por causa do reconhecimento de que há algo de comum em torno do qual é preciso convergir e no que se deve apoiar as escolhas, em outras palavras, pela admissão de que

---

17   J. Habermas critica Max Weber de ter seguido por esse caminho. A afirmação de Weber, segundo a qual o direito deve resistir a toda e qualquer forma de ética, esconde, na realidade — segundo Habermas —, a transformação da moral em mero procedimento. A *semántica dos valores* se transforma, assim, em simples *sintática procedural* (cf. HABERMAS, J. *Morale, diritto, politica*, Milano, Edizioni di Comunità, 1992).

18   Nesse sentido, é significativo que J. Rawls, mesmo partindo de pressupostos aparentemente distantes (ou seja, inspirados no contratualismo), defenda que a estabilidade de uma sociedade democrática, que torna possível a adoção de decisões justas, deva ter seu fundamento num "consenso por interseção" (cf. RAWLS, J. *Liberalismo politico*, Milano, Edizioni di Comunità, 1999).

existem direitos fundamentais que antecedem os ordenamentos sociais e legislativos e os condicionam.

Por outro lado, esse assunto encontra confirmação, no plano empírico, na *Carta dos direitos humanos*, que, apesar de não apresentar uma definição precisa de pessoa, postula sua preexistência como sujeito titular de direitos. O princípio normativo geral, que é a base dos enunciados da *Carta dos direitos* (e que constitui uma espécie de pressuposto metacultural comum em que se apoia o direito positivo), é na realidade a figura da dignidade humana, que tem seu fundamento na pessoa. Está bem asseverado ali que não se trata de um pressuposto ontológico no sentido tradicional e estático, isto é, de um conceito por meio do qual se busca definir a essência do humano; trata-se, mais simplesmente, de um cânone regulador do humano, cujo uso se refere sobretudo ao campo da práxis concreta.

A intuição de fundo, que subjaz a essa concepção, diz que, hoje, a ação sociopolítica e legislativa precisa reconhecer a existência de um fator universal comum consistente, a respeito daquele ser humano *simpliciter*, sem qualquer resolução ulterior, que se dá no ser pessoal do homem, e que esse universal deve constituir um direcionamento normativo que inspire o comportamento. A dignidade da pessoa, que forma a base dos direitos humanos, exige da política que estabeleça limites ao próprio espaço de intervenção — surgem limites que devem receber um respeito absoluto —, mas também que oriente o próprio empenho para a promoção daquilo que diz respeito à dignidade de cada um, a partir daqueles que são menos assegurados[19].

---

19 Para além de sua formulação concreta, os direitos humanos, na medida em que remetem à pessoa e à sua dignidade, constituem — segundo a feliz expressão de Claude Lefort — a "ossatura simbólica da democracia". Eles reestruturam realmente o espaço, impondo a todo poder político tomar como referência os cidadãos e prestar conta de suas decisões. O conceito de direitos humanos obriga a política não apenas a um constante prestar contas de

A força da pessoa — observa A. Pavan dentro desse contexto — reside no próprio poder de dignidade que a constitui, em si (apesar da degradação possível) e no intercâmbio social (apesar do domínio e das manipulações a que pode ser submetida) com o que se mensura por sua dignidade, e não por seu preço. Com tal reconhecimento, atribui-se à pessoa aquela titularidade da função *normativa* do humano, sancionada e adotada pelos direitos humanos como fundamento e cânone da própria *prescrição jurídica*. E é em função do reconhecimento dessa função normativa que hoje, dentro de uma crescente fragmentação do humano, se contempla o conceito de pessoa — depois de uma história de reservas, hostilidade e desconfianças — como a formulação menos inadequada (porque mais "compreensiva") do ser humano[20].

A incidência dessa nova consciência sobre o terreno da bioética é evidente. O conceito de dignidade humana (que se fundamenta na ideia de pessoa), compreendido corretamente, leva a peneirar criticamente tanto o paradigma da *qualidade* da vida quanto o paradigma da sua *sacralidade*, focalizando os limites de um juízo sobre qualidade baseado em critérios meramente quantitativos (os indícios que parecem de fato mensuráveis e, portanto, passíveis de uso, são dessa ordem), e os limites de uma defesa a todo custo da sacralidade; uma defesa que, quando radicalizada, leva a uma forma de obstinação arbitrária. A dignidade pessoal não está simplesmente ligada à capacidade de autonomia ou de liberdade, e não é dependente da autoconsciência e da possibilidade de comunicação humana; está ligada ao homem,

---

suas próprias ações, mas também a considerar as justas aspirações dos cidadãos e a ordenar as próprias intervenções respeitando os direitos, dos quais apenas eles e mais ninguém são os juízes.

20 PAVAN, A. Dire persona nell'età globale dei diritti umani, in: ID. (ed.), *Dire persona*, op. cit., 594.

que, em sua nudez, tem direito a ter direitos ou a ser reconhecido como homem em sua relação constitutiva com os demais[21].

Aqui, parece encontrar plena resposta também a própria questão da identidade humana e de sua tutela — questão de grande atualidade diante do perigo de uma alteração radical em razão das técnicas de manipulação de que dispõe o homem de hoje. A dignidade, no que respeita a pessoa em sua singularidade, não é compreendida como simples reconhecimento de direitos ou como mero fundamento de seu substrato ético, mas também (e sobretudo) como adoção de deveres ligados a promover a identidade de cada sujeito humano não apenas presente, mas também futuro, lançando uma atenção específica, assim, ao bem da espécie humana, que exige sua salvaguarda em sua integridade. A constituição social essencial do humano, que descende imediatamente do conceito de pessoa, é suficiente para assegurar a tutela de um "bem comum" para a qual a ideia de um "tu" inviolável é marcada pela tomada de consciência paralela de que justo esse "tu" constitui a raiz da tutela de todo e qualquer ser humano presente e futuro[22].

---

21 Esse posicionamento está em claro contraste com a tese daqueles que defendem — como T. Engelhardt e P. Singer — que, se um ser humano já não apresenta as qualidades especificamente humanas, como liberdade, razão, linguagem e abertura ao futuro, já não se estaria mais diante de uma pessoa humana digna de respeito (cf. ENGELHARDT, H. T. *The foundations of bioethics*, Oxford, Oxford University Press, 1986; SINGER, P. *Practical ethics*, 2ª ed. Cambridge, Cambridge University Press, 1993 [trad. it. *Etica pratica*, Napoli, Liguori, 1988]). Contra os limites dessa forma de racionalismo iluminista reagiu fortemente também JONAS, H. *Tecnica, medicina ed etica. Prassi del principio di responsabilità*, Torino, Einaudi, 1997.

22 Quem levantou a questão sobre a identidade, no sentido mencionado aqui, foi Francesco D'Agostino, para o qual tanto a ética da *sacralidade* da vida quanto a ética da *qualidade* da vida, enquanto compreendidas como objeto radicado na *vida*, apesar da diversidade das modalidades de abordagem dessa, não bastam para responder à nova situação criada hoje como consequência da ameaça de poder das biociências. O problema que surge como

Existe ainda um outro elemento na definição de pessoa que, pela sua importância, pode ser considerado um pilar da ética pública; busca-se aludir à dimensão relacional, e, portanto, social, que a constitui. O fato de ter desmembrado o sujeito (nesse caso, o cidadão), como se deu na cultura moderna por causa do pressuposto individualista, de sua inserção constitutiva a uma rede de relações não apenas imediatas mas também institucionalmente mediadas, além de tê-lo espoliado de si mesmo e, portanto, de tê-lo neutralizado, colocando-o num limbo irreal e abstrato, acabou impedindo-o (e continua impedindo) de levar seriamente em consideração a forte valência social de questões como a bioética, que não podem ser tratadas, mesmo no terreno legislativo, como questões atinentes somente à esfera privada e ser resolvidas, assim, apenas, levando em conta o respeito à liberdade individual.

> inevitável, portanto, é o da identidade — como revela D'Agostino — que não pode ser reduzida à individualidade biológica, mas que reside na capacidade do sujeito humano — a partir da própria identidade biológica — de perceber a si mesmo como *eu* e de ser reconhecido pelos outros como tal (cf. D'AGOSTINO, F. La bioetica, le biotecnologie e il problema dell'identità della persona, in: PAVAN, A. (ed.), *Dire persona*, op. cit., 129-146). A importância dessa dimensão antropológica, que vai incluir também a referência necessária ao dado biológico como fator constitutivo, está totalmente fora de discussão. Parece-nos, porém, que tal instância estaria já suficientemente contida na ideia de dignidade humana, e a tendência de dissociar o dado biológico ou querer definir seu alcance específico ao terreno dos conteúdos, e, portanto, diretamente normativo, pode trazer o risco de recair em uma perspectiva "naturalista". A maior amplidão da identidade humana com relação à mera constituição biológica do sujeito, reclamada por D'Agostino, reivindica inserir a recuperação da identidade num horizonte mais amplo, em que o dado cultural conquista uma função de primeira ordem na própria abordagem hermenêutica (portanto, jamais passível de definição concluída) do dado biológico. A ideia de *vida humana digna* acaba se tornando mais abrangente e capaz de abrir espaço a uma perspectiva histórico-evolutiva que não almeja definir, *a priori* e de modo absoluto, o conceito de identidade humana.

TERCEIRA PARTE

A possibilidade de restituir à socialidade o caráter de critério ético decisivo depende estreitamente da adoção do conceito de reciprocidade como pertinente à pessoa e, portanto, como uma referência necessária para cada decisão pública e para todo e qualquer ordenamento jurídico, que só faz sentido, então, nos quadros de um empenho recíproco[23].

O alcance histórico dessa afirmação é evidente: a ética pública — sobretudo a que está às voltas com as temáticas da vida —, referindo-se concretamente às situações, não pode deixar de se haver com os limites que a caracterizam e não pode, por conseguinte, evitar o confronto com a complexidade (e, inclusive, com o caráter conflitivo) das instâncias que estão ali imbricadas, com base numa criteriologia que respeite as preocupações existentes no âmbito dos direitos.

No atual contexto social, caracterizado pelo fenômeno da globalização e pela presença contemporânea de um pluralismo ético difuso e cada vez mais acentuado, a exigência de redesenhar uma referência comum a que se deve apelar se tornou indispensável. O conceito de pessoa, no sentido apontado, a saber, como sujeito dotado de uma dignidade única e como sujeito relacional (portanto, intrinsecamente social), constitui a resposta mais adequada a essa exigência. É da pessoa que se deduz, portanto, um critério último, que deve guiar a ética pública; um critério que — como mostra Ivo Colozzi —, sendo, portanto, o último,

> não pode ser mediado em si mesmo; só o é nos seus aspectos situacionais e em suas implicações práticas, através do que se presta historicamente para realizações diversas e com graus diversos de adequação. Trata-se, em definitivo, de usar a dig-

---

23 Para aprofundamento desse aspecto, cf. DONATI, P. *Teoria relazionale della società*, Milano, F. Angeli, 1991.

nidade humana como meta-código dos direitos que são promovidos e tutelados nas diversas esferas sociais diferenciadas (o mercado, a política, o terceiro setor, a família e os universos de vida cotidianos)[24].

Nessa forma de ética pública, a bioética vai encontrar (e não pode deixar de encontrar) seu mais profundo significado. A pessoa não estabelece, de fato, apenas um limite negativo à tentação de formas perigosas de prevaricação, mas indica também, de maneira positiva, o caminho que se deve trilhar para atribuir um conteúdo histórico à promoção humana de cada um e de todos, impedindo que caiamos nas malhas de lógicas utilitaristas[25] e abrindo-nos à lógica da reciprocidade, que vai encontrar sua atuação completa na adesão ao "espírito do presente"[26].

---

24   COLOZZI, I. È possibile affermare la dignità della persona nella società postmoderna?, in: PAVAN, A. (ed.), *Dire persona*, op. cit., 431 s.
25   Cf. CAILLÉ, A. *Critica della ragione utilitaria*, Tonino, Bollati Boringhieri, 1991.
26   Sobre esse tema, cf. GODBOUT, J.; CAILLÈ, A. *Lo spirito del dono*, Torino, Bollati Boringhieri, 1993; GODBOUT, J. *Il linguaggio del dono*, Torino, Bollati Boringhieri, 1998.

Capítulo 5
Pessoa e sociedade
— para uma refundamentação ética da política

A abordagem na perspectiva personalista dos problemas da complexa sociedade hodierna, para um desdobramento correto, exige alguns esclarecimentos preliminares. O termo "personalismo", que se afirmou entre os anos 1930 e 1940 do século passado, não pode ser reduzido a uma única matriz. Comporta, antes, uma multiplicidade de correntes tanto no âmbito filosófico quanto no aspecto epistemológico, todas elas tendo em comum a preocupação principal com a pessoa e sua realização[1].

Mais que de um sistema orgânico de pensamento, pode-se falar de uma instância, constituída por um conjunto de dados abertos que fornecem um critério de valor da realidade centrado no conceito de "pessoa" considerado em sua densidade ontológica como realidade irreversível e adotado como base esquemática para o desenvolvimento de uma ação mais ampla, atingindo os diversos âmbitos da experiência humana[2].

---

[1] O próprio E. Mounier reconhece que seria melhor falar de *personalismos* com diversas vertentes (cf. MOUNIER, E. *Le personnalisme*, Paris, Presses universitaires de France, 1971, 6 [trad. it. *Il personalismo*, Roma, AVE, 1978]).

[2] De um ponto de vista histórico, o personalismo pode ser considerado um movimento cultural em que convergem diversas contribuições, as quais vêm emergindo em concomitância com a grande crise do capitalismo e dos tota-

terceira parte

As reflexões que veremos a seguir fazem referência a essa vasta acepção de termos e visam trazer luz sobre as razões da crise que a política hoje atravessa [1], para evidenciar, posteriormente, a contribuição que poderão dar as teorias personalistas em busca de sua solução [2].

1 Aspectos da crise sociopolítica hodierna

O denominador comum em torno do qual converge a reflexão personalista é representado no fato de atribuir à ética o primado referencial. Longe de ser considerada um campo de expressão da vontade de potência ou de conflitos de interesse, a política é vista como um lugar de atuação dos valores e de busca do bem comum[3]. O personalismo assevera a prevalência dos fins morais perante a pura eficiência institucional ou à própria produtividade social.

1.1 A dimensão ética

Não há dúvidas de que a crise que atravessa a política (e, em geral, as diversas formas de vida associada) em nossos dias é essen-

---

litarismos de direita e de esquerda; um movimento que vê o centro da renovação da política no apelo a uma revolução moral. A partir daí não é difícil retraçar as raízes profundas na filosofia da história e da cultura, assim como o parentesco com a família tomista e a espiritualista. Dentre as inúmeras contribuições dedicadas a esse tema, cf. DOMENACH, J.-M. Personalismo, in: *Enciclopedia del Novecento*, Roma, Instituto dell'Enciclopedia italiana, 1980; LACROIX, J. *Il personalismo come anti-ideologia*, Milano, Vita e Pensiero, 1974; GIAMBETTI, A. *Ricoeur nel labirinto personalista*, Milano, F. Angeli, 2013.

3   Cf. PAPINI, R. Introduction à une théorie des Constitutions d'inspiration personnaliste, in: *Notes et documents* 7 (1984), 5-21.

cialmente uma crise ética. Sem querer diminuir a importância dos aspectos instrumentais — basta pensar na necessidade de reformas voltadas a adequar as instituições às complexas dinâmicas da sociedade —, é preciso reconhecer que a fonte do estado de tribulações, que hoje provoca desafetos e rechaço nos confrontos da política, é, sobretudo, a perda dos valores comuns, a atenuação de algumas "evidências éticas" fundamentais, que por longo tempo constituíram a base para o desenvolvimento harmônico da vida social.

A situação italiana, à qual nos referimos aqui de forma prevalente (mesmo que não exclusivamente), é muito significativa nesse sentido. A deterioração progressiva da política, que se produziu nas últimas décadas do século passado (e que persiste até os dias atuais), está ligada, em primeiro lugar, à erosão daquele *humus* cultural homogêneo, ainda fartamente presente no imediato pós-guerra, que favorecia o sentido de pertença coletiva[4]. À maior possibilidade de convergência no terreno ideológico entre as várias áreas culturais, às quais no passado faziam referência os diversos partidos políticos — convergência em virtude sobretudo à crise das grandes ideologias —, corresponde hoje uma crescente distância ética, causada pela multiplicação de sistemas de valor e, portanto, pela dificuldade de comunicação recíproca, e, por fim, pelo surgimento de contraposições mútuas.

A razão desse estado de coisas provém de um conjunto de fatores de natureza estrutural e cultural estreitamente ligados entre si. A passagem de uma sociedade dicotômica, marcada pela dialética de classes, para uma sociedade complexa, caracterizada pela pluralidade de pertencimentos e pelo desenvolvimento de formas neocorporativas, contribuiu para destruir o tecido social, substituindo a tensão em vista do bem comum

---

[4] Cf. RUSCONI, G. E. Se l'identità nazionale non è più motivo di solidarismo, in: *Il Mulino* 1 (1991), 37-46.

pela busca de satisfação dos interesses individuais ou de pequenos grupos, acentuando a separação e o conflito entre "privado" e "público".

Por outro lado, a cultura da subjetividade, que surge da reação justificada no enfrentamento de fenômenos de homologação gravemente alienadores, provocou a queda no individualismo e na privatização exasperada da vida, com a consequente subjetivação dos comportamentos e dos estilos de vida, e com a tentação de confundir como sendo valores as necessidades induzidas pela pressão social e pelas lógicas consumistas dominantes. Entretanto, no fundamento da perda de evidências éticas comuns, vamos encontrar, sobretudo, a afirmação do fenômeno da secularização, que, longe de ser uma simples crise do sagrado, se constitui numa crise de sentido e de fundamento, e, portanto, numa perda das próprias raízes. O homem acaba sendo expropriado do próprio passado e dos valores que definiam nele o tecido da "memória" coletiva.

1.2 As tentativas de superação dessa situação

A profundidade da crise política e a percepção da sua valência ética, a partir das últimas duas décadas do século passado — sobretudo em relação à crescente angústia que se experimenta (e hoje se experimenta de tudo) —, vêm acompanhadas do ressurgimento de uma nostalgia de valores difusa. A questão ética está surgindo, de modo instintivo — como se tem lembrado reiteradamente —, diante da constatação da insuficiência da técnica para responder às grandes questões relativas à manipulação da vida humana e da natureza. Mas esta se manifesta também no terreno propriamente político, seja pelo crescimento da consciência do limite de uma evolução puramente quantitativa, que acabou penalizando a qualidade da vida, seja pela queda dos sistemas de ideologia, tanto liberais quanto coletivistas, incapazes de atender às expectativas da autêntica libertação humana.

Não foram poucas as tentativas de superação dessa situação no campo da política. A relação entre ética e política ocupa o centro dos debates da assim chamada "teoria da justiça", que vai se renovando sob os pressupostos (amplamente revisados) do contratualismo e do utilitarismo[5]. A busca por "regras de jogo" que permitam enfrentar as dinâmicas complexas da sociedade atual é, por si, de grande utilidade. Fica estabelecido, porém, que tais teorias, longe de restituir à política um fundamento ético sólido, são, antes, expressão da renúncia de se buscar tal fundamento, atendo-se ao nível da identificação de critérios operativos que assegurem a articulação ordenada das relações humanas no âmbito da convivência civil.

O ponto de partida de onde partem tais teorias é uma concepção individualista do homem, guiado apenas pela lógica do interesse, e carente, assim, de energia voltada ao bem comum. A política acaba resumindo-se à prática da mediação entre interesses dos indivíduos ou de grupos corporativos, com o risco de que sejam sempre privilegiados os interesses dos fortes e sejam penalizados os interesses dos frágeis ou ainda que, na falta de sólidas referências objetivas, se caminhe na direção de decisões voluntaristas, que têm como resultado a implementação de tendências autoritárias.

---

[5] Nesse sentido teve um papel de destaque a obra de RAWLS, J. *A theorie of justice*, Cambridge/MA, Belknap Press, 1971 [trad. it. *Uma teoria della giustizia*, Milano, Feltrinelli, 1982]. Para uma recensão italiana sobre o neocontratualismo, cf. VECA, S. *La società giusta. Argomenti per il contrattualismo*, Milano, Il Saggiatore, 1982 e *Etica e politica*, Milano, Garzanti, 1989. As grandes linhas do utilitarismo clássico são aplicadas à situação hodierna por G. Giorello e M. Mondadori, no amplo prefácio escrito para a obra reimpressa de STUART MILL, J. *Saggio sulla libertà*, Milano, Il Saggiatore, 1981.

terceira parte

2 A contribuição do personalismo

Se quisermos sair da angústia atual em que estamos inseridos, mostra-se evidente, então, a necessidade de refundamentar a política sob uma instância ética forte, abrindo espaço, assim, a um princípio de emancipação ou de libertação que sirva de pressuposto em que se possa ancorar alguns direitos essenciais que assumem caráter absoluto e de inviolabilidade. Nesse nível, a lição sobre o personalismo recupera toda a sua importância, sobretudo quando este é pensado em seus valores básicos e reatualizado no horizonte de uma autêntica fidelidade à mudança das condições de vida rápida e profunda de hoje.

Inspirando-se aqui, mas ao mesmo tempo indo mais além na questão dos limites que a tem caracterizado historicamente, Paul Ricoeur propõe uma definição da ética articulada em três elementos: aspiração a uma vida plena, solicitude para com os outros, criação de instituições justas[6]. A referência à pessoa vai encontrar, então, seu pleno desenvolvimento numa fórmula que tem o mérito de ultrapassar a dialética tradicional que havia entre dois termos (eu-tu), própria do personalismo clássico, focalizando o significado (e a especificidade) da relação com as instituições, muito apressadamente absorvida ou confundida com a utopia de uma comunidade vista como extrapolação da amizade.

Introduzindo o conceito de "instituições justas", Ricoeur reconhece a necessidade de distinguir, dentro do *éthos* da pessoa, uma "alteridade" dupla, a saber, a alteridade do "tu" com um rosto preciso, que é objeto da amizade, e a de um "tu" sem rosto, o "qualquer um" (não o anônimo) como pessoa que não se pode alcançar se não por meio dos canais institucionais. Com isso tem

---

6   Esses itens foram apontados por P. Ricoeur na ocasião do colóquio nacional sobre personalismo (cf. RICOEUR, P. *Persona e sviluppo nell'epoca del postliberalismo*, Teramo, 8-10 de janeiro de 1990).

origem a distinção entre comunidade e sociedade, que não significa separação, mas que é mantida de forma acurada e que constitui o referente necessário para a produção de uma ética da justiça centrada na busca de uma proporcionalidade alcançável por intermédio do empenho da criação de "estruturas justas".

Nessa perspectiva, a pessoa se torna tanto o fundamento e o fim do agir individual quanto do agir político, na medida em que é a partir da relacionalidade constitutiva, com que vem marcada, que o agir humano adquire um pleno significado; esse agir deve desenvolver-se contemporaneamente tanto na direção do crescimento das relações intersubjetivas quanto na direção não menos importante da criação de instituições capazes de interpretar as verdadeiras necessidades de toda a família humana[7].

Individualidade, relação interpessoal e relação social têm, pois, um epicentro comum; isso, porém, não deve negar sua diferença e consequentemente a diversidade de critérios nos quais será preciso inspirar-se para fazer frente à articulação de suas instâncias respectivas. Desse modo, a política recupera uma autonomia própria da ação, ditada pela especificidade dos problemas, das dinâmicas e das leis que a qualificam, mas, ao mesmo tempo, não pode ser reduzida a um polo unitário, o da

---

[7] A pessoa é concebida como relação, no sentido transcendental, isto é, como consciência que se delineia a partir de uma relação ontológica, constituída por uma abertura essencial que se propõe como possibilidade (*télos*) e que depende de a história e a responsabilidade de cada um serem levadas a efeito. Uma análise acurada do fundamento da pessoa no âmbito da tradição filosófica que se inspira no cristianismo pode ser encontrada em MELCHIORRE, V. Pour une herméneutique de la personne, in: *Notes et Documents* 14 (1986), 84-99. Refletindo sobre o conceito de pessoa na óptica tomista, Melchiorre revela como essa pessoa vai encontrar sua correspondência absoluta em Deus, mas como, ao mesmo tempo, essa correspondência só pode ser reconhecida através da transposição metafórica da pessoa humana. A pessoa é definitivamente a condição dessa metáfora. Isso significa que sua utilização implica que o homem seja metáfora de Deus.

terceira parte

pessoa, estando, assim, estreitamente ligada às outras esferas da eticidade, com as quais é convocada a integrar-se.

2.1 A mediação entre o pessoal e o político

Os impulsos que caracterizam as atuais conjunturas sociais e culturais, por muitos aspectos, parecem favorecer o retorno ao reconhecimento da centralidade da pessoa. A cultura hodierna da subjetividade, inclusive com suas ambivalências e contradições, contém nesse sentido elementos de interesse consideráveis[8]. Na verdade, ela não se limita a afirmar a existência de uma subjetividade insubstituível ou a reivindicar espaço para o indivíduo, cujo desejo de ser foi por demais negligenciado[9], mas invoca de modo mais radical o próprio ordenamento social, mostrando a exigência de uma nova relação entre privado e público, entre pessoal e político.

---

[8] P. Valadier observa que a situação atual apresenta, nesse sentido, alguns aspectos contraditórios. Por um lado, vemos a tendência de se excluir a referência ao sujeito — basta pensar na análise marxista e no desenvolvimento das ciências sociais, que representam uma tentativa de contestação radical da pessoa como sujeito responsável por sua história; por outro, surgem tendências opostas, voltadas a recuperar a fecundidade e a força de referência ao sujeito como forma de reação tanto nos confrontos das epistemologias totalizantes quanto nos dos perigos sempre crescentes de totalitarismo (cf. VALADIER, P. Le problème de l'homme personnel dans la philosophie politique contemporaine, in: *Notes et Documents* 7 [1984], 113-120). Ademais, as próprias ciências humanas, depuradas da tentação ao absolutismo ideológico, enquanto expressão do regime atual da razão, constituem uma parcela da afirmação do sujeito moderno. Por isso, A. Jeannière defende que a epistemologia moderna está decisivamente orientada a restituir a centralidade ao sujeito e às suas possibilidades de expressão (JEANNIÈRE, A. Le retours du sujet: la crise épistémologique des sciences humaines, in: *Projet* 178 [1983], 870-884). Para um amplo aprofundamento dessa visão, cf. também APEL K. O. Le problème de la fondation d'une éthique de la responsabilité à l'époque de la science, in: *Notes et Documents* 14 (1986), 48-74.

[9] Cf. GRANIER, J. *Le désir du moi*, Paris, Presses universitaires de France, 1983.

Os novos movimentos que foram surgindo a partir da metade dos anos 1960 do século passado (em especial o movimento feminista e o ecológico), definidos por alguns precisamente como movimentos pré-políticos, são caracterizados por uma forte valência ética que se expressa, sobretudo, na necessidade de um aprofundamento sério da raiz comum da vida pessoal e coletiva, na medida em que apela para as profundidades últimas da subjetividade humana.

Por outro lado, a crescente complexidade e a interdependência dos sistemas sociais, com a consequente dificuldade de se chegar a formas de razões unitárias, e os novos e dramáticos problemas que surgem da evolução científico-tecnológica — basta pensar na gravidade da questão ambiental — repropõem urgentemente a necessidade de uma renovação antropológica como base indispensável para a reconstrução da vida sociopolítica. O que se coloca em discussão de forma radical, aqui, é o paradigma estreito de racionalidade que forma a base do modelo de desenvolvimento dominante, o qual, embora tendo aumentado as bases da riqueza, já se mostra incapaz de controlar as consequências de sua expansão utilizando os instrumentos conceituais que tem à disposição.

A guinada antropológica requerida, que implica superar tanto os riscos do coletivismo totalitarista — hoje já superado — quanto os riscos das consequências de uma visão individualista, na qual o sujeito se vê movido exclusivamente pela lógica do interesse, irá encontrar (e não pode não encontrar) seu ponto central na recuperação da pessoa como sujeito aberto a uma relacionalidade que se responsabiliza pelo dever de analisar as mediações estruturais.

Trata-se de reatualizar o pensamento personalista na visão de uma atenção necessária aos processos complexos da sociedade moderna, superando a alternativa entre razão do sujeito e razões do sistema, e integrando as questões que surgem da relação

TERCEIRA PARTE

constitutiva do homem com a natureza. Redefinir os projetos políticos a partir da pessoa e de suas necessidades significa, portanto, hoje, se haver, de um lado, com a relevância inevitável dos condicionamentos estruturais, a fim de criar dinâmicas que favoreçam uma interação positiva entre pessoas e estruturas; e, de outro lado, não negligenciar o problema da relação com o cosmo, deixando de lado uma óptica puramente instrumental e, portanto, radicalmente dominadora para gerar uma dialética positiva, que respeite seu valor como *habitat*, de onde a existência humana haure seus significados e as possibilidades expressivas.

É como dizer que se trata de reelaborar, em termos mais adequados e amplos, o conceito tradicional de "bem comum", partindo da centralidade do sujeito humano, tomado na integralidade de suas exigências e na universalidade de suas expressões histórico-concretas, e projetando-se à frente, a fim de compreender o bem das futuras gerações, às quais é dever transmitir um mundo habitável. O surgimento de um homem pós-ideológico — segundo a expressão bem cunhada de Olof Palme — forma uma feliz conjuntura para repensar os problemas de uma nova modernidade, fora de esquemas pré-concebidos, na perspectiva de uma séria atenção à qualidade de vida, para cuja promoção exige-se a elaboração de uma nova cultura e de uma nova ação política.

Contudo, as contribuições da perspectiva personalista se revelam particularmente atuais, sobretudo, nos estímulos desta à definição das relações entre sociedade e Estado. A instância personalista foi amadurecendo, em nível histórico, no contexto da tomada de consciência do declínio do individualismo burguês e, assim, da necessidade de uma ampliação ulterior da democracia política[10].

---

10   A democracia a que faz referência E. Mounier é uma concepção bem específica de *democracia personalista*, que se diferencia tanto da *democracia majo-*

Essa instância haure sua motivação da necessidade de uma democracia com raízes mais profundas no âmbito social e, consequentemente, de uma concepção do Estado como realidade a serviço da maturidade da sociedade civil. A percepção de que a pessoa humana se realiza, antes de tudo, nas diversas comunidades naturais, dentro das quais desenvolve sua existência, faz nascer a exigência de superação de uma democracia puramente formal — de cunho liberal — e também de uma democracia meramente voltada à economia — a economia socialista — para lançar a hipótese de uma *terceira via*, marcada pela busca de um equilíbrio dinâmico entre pluralismo social e razões da solidariedade nacional e internacional.

O que deve surgir, então, é um modelo de mediação entre o princípio de solidariedade e o modelo de subsidiariedade, ambos posicionados na base da doutrina social da Igreja, como foi se desenvolvendo historicamente[11]. A tensão atual entre "país real" e "país legal" é a demonstração da importância de tal mediação. Essa impõe a exigência de remodelar o saber e a práxis política em torno de múltiplos centros de agregação e de formação da vontade coletiva imanentes ao corpo social.

---

ritária quanto da *democracia igualitária* (MOUNIER, E. *Manifeste au servisse du personnalisme*, Paris, Aubier, 1961, 622 s. [trad. it. *Manifesto al servizio del personalismo comunitario*, Cassano, Ecumenica, 1975]).

11 O caminho histórico da "doutrina social" não tem sido homogêneo nesse sentido. Nos primeiros documentos, se vê a asseveração do "princípio de subsidiariedade", enquanto, a partir da renovação conciliar, assume o primeiro plano o "princípio de solidariedade". R. Papini destacou precisamente como diversas constituições europeias — e, entre essas, a própria constituição italiana —, em sua formulação, tomaram por base esses princípios, inspirando-se, portanto, num modelo "personalista", diferente tanto do modelo liberal quanto do socialista. Não deixa de notar, porém, que esse projeto não se realizou historicamente, enquanto a cultura que o inspirava deixou marcas profundas de sua influência (cf. PAPINI, R. Introduction à une théorie des constitutions d'inspiration personnaliste, in: *Notes et Documents* 7 [1984], 5-21).

terceira parte

A busca de caminhos viáveis mostra ser uma tarefa difícil hoje, sobretudo por causa do estado de crescente fragmentação que favorece o surgimento de formas agregadoras, voltadas a objetivos particulares, e a decaída em pleitos corporativos. Por isso, torna-se fundamental abrir espaço a novos processos de constituição e de gestão da subjetividade social, processos capazes de recuperar os sujeitos reais de mudança e de oferecer-lhes uma possibilidade de expressão efetiva.

A questão da relação entre "privado" e "público" vai encontrar aqui toda a sua atenção tanto no âmbito cultural quanto no estrutural. Se, por um lado, se deve abandonar uma "cultura do público", que o identifica *tout court* com o que é gerido diretamente pelo Estado, também se deve refutar, por outro lado, uma "cultura do privado", fundada numa concepção individualista da vida, que tem como resultado a marginalização dos sujeitos mais frágeis.

O conceito de "Estado social", mediante ao qual se buscou mediar historicamente os direitos de liberdade com aqueles de solidariedade, vai encontrar aqui toda a sua importância. Mas esse Estado exige ser repensado profundamente, hoje, não só na perspectiva técnica — em que o objetivo que se busca é restituir-lhe funcionalidade e eficiência, evitando os perigos de burocratização, de clientelismo e de desperdício, que têm marcado, via de regra, suas feições históricas —, mas, sobretudo, em nível teórico, em que é preciso rediscutir o significado das dinâmicas complexas e articuladas da realidade atual para identificar precisamente os critérios que orientam sua condução e os mecanismos operativos pelos quais esses mecanismos devem ser implementados.

Em torno do conceito de "Estado social", é possível congregar de fato um conjunto de instâncias que permitem, quando consideradas com seriedade, um renovamento profundo da vida coletiva na perspectiva de buscar uma solidariedade cada vez mais sólida. Entretanto, para que isso aconteça, é preciso restituir o significado, mesmo em âmbito institucional, aos "universos vitais" dentro dos quais se dão as formas primárias de personalização e socialização que são responsáveis por responder às grandes questões de sentido.

A atenção à pessoa, que ocupa o coração da perspectiva personalista, implica realmente a necessidade de empenho para se construir um modelo de política capaz de potencializar e valorizar as diversas subjetividades sociais, a partir das subjetividades naturais, para envolvê-las num processo de edificação mais amplo do bem comum.

2.2 A busca por novas "regras de jogo"

Torna-se um empreendimento bastante limitado querer afrontar o problema da democracia apenas abordando a mera governabilidade do sistema. Significaria permanecer restrito a uma visão funcional da sociedade, tendendo realmente à mera conservação da organização já existente e das relações já estabelecidas. A questão da democracia nos obriga, hoje, a iniciar uma rediscussão radical do quadro ideológico e ao esforço de uma refundamentação dos pressupostos em que se apoia[12]. A contribuição do personalismo se mostra extremamente essencial nesse âmbito.

Mas isso não quer dizer que o bom funcionamento da democracia não dependa também da produção de regras que assegurem uma correta articulação das relações entre as instituições e uma distribuição equilibrada dos poderes. Sob essa perspectiva, a complexa sociedade atual apresenta novos problemas, mas, ao mesmo tempo, abre novas possibilidades. A política, longe de ser vista, como tem sido já desde há muito, apenas como um apaná-

---

12 Cf. PAVAN, A. L'idéal démocratique en question, in: Notes et documents 7 (1984), 24-38.

terceira parte

gio dos partidos e das instituições tradicionais do Estado, vai se destacando cada vez mais através de uma rede fixa de intervenções que geram novos sujeitos sociais — basta pensar na área da cooperação e do voluntariado —, impondo a necessidade de se buscar um novo equilíbrio entre os poderes, que se dá mediante uma articulação descentralizada. Se quisermos sair de uma fase de contraposição como a atual, se faz necessário ciar um confronto dialético entre as diversas áreas de participação, promovendo uma concepção diferenciada do Estado a serviço de uma sociedade pluralista.

A democracia política é autêntica quando se torna expressão de uma democracia social e econômica centrada numa participação dos cidadãos cada vez mais ampla e responsável. O problema da governabilidade, assim, deve estar estreitamente conjugado com a busca de um consenso, com base na valorização dos recursos humanos presentes no âmbito da sociedade e, portanto, no desenvolvimento dos valores da participação e da responsabilidade[13].

Nesse sentido, a questão da representatividade ocupa uma função central na busca por uma expressão real da sociedade na gestão do poder e, consequentemente, na gestão de canais pelos quais se possa edificar a convivência civil. O plano em que se move a perspectiva personalista nessa questão é prevalentemente pré-político. Mas, em termos de critérios de juízo, a contribui-

---

13 Enquanto, num primeiro momento, Mounier está preocupado mais em salvaguardar a pessoa e as sociedades naturais nos confrontos do Estado, e não em afrontar os problemas de articulação dos poderes do Estado ou de técnica constitucional, o último Mounier, destacando a *democracia personalista* (ou, como ele mesmo diz, a *democracia orgânica*), oposta à pura democracia parlamentar, coloca em discussão novamente a questão da articulação pluralista do Estado e, portanto, o núcleo da representação política (cf. CAMPANINI, G. Le personnalisme de Mounier et la crise des démocraties, in: *Notes et Documents* 14 [1986] 152-172; Id. *Mounier, Eredità e prospettive*, Roma, Studium, 2012).

ção que ela nos fornece permite afrontar toda e qualquer forma de democracia incompleta em nome de um ideal que ainda deverá ser levado a efeito, e identificar os percursos a serem seguidos para sua implementação.

Perante uma situação de grande dificuldade, como a que atravessa a política de nossos dias, lançar mão dos veios interpretativos da tradição passada assume um caráter de dever irrenunciável. Entre estes, há que se dedicar uma atenção especial à concepção personalista apresentada, que em vista da tendência de restituir a centralidade ética à política e a atribuir à pessoa a função central dela, oferece ao empenho militante uma chave de interpretação da qual não se pode renunciar.

Capítulo 6
Sobre as questões "eticamente sensíveis" — uma abordagem metodológica

A expressão "questões eticamente sensíveis", que surgiu dentro do contexto dos jargões políticos, quase já é de uso comum e define uma série de temáticas relativas a algumas áreas bem definidas do agir humano; mais precisamente, as que dizem respeito à sexualidade, à família e à vida. Pode-se objetar, de pronto (e não sem razão), que, por trás de uma tal restrição do campo abordado esconde-se uma concepção redutivista da eticidade, concepção esta que tende a identificá-la com o âmbito da "esfera privada" (ou seja, dos indivíduos e das situações intersubjetivas), ultrapassando os limites da "esfera pública" (isto é, das relações sociais). É de direito, então, perguntar por que essas questões de tão grande relevância, como as que dizem respeito ao exercício da justiça social e ao empenho político, não são consideradas, também, "eticamente sensíveis" tal qual as questões a que se faz referência diretamente aqui.

O uso desse termo, porém (pelo menos parcialmente), parece justificar-se pela presença em nosso país de uma situação anômala. Sexualidade, família e vida constituem, pois, as áreas em que mais ocorrem desencontros entre católicos e leigos, ou, pelo menos, entre uma parte considerável de uns e outros, e on-

terceira parte

de surgem, portanto, as maiores dificuldades de encontro no terreno político-legislativo. Diferentemente de outros países europeus (e não apenas), onde na diferença dos posicionamentos se dá um confronto firme e respeitoso com a possibilidade de convergências fecundas, junto a nós ainda vemos a presença difusa de posicionamentos inspirados em lógicas clericais e/ou laicas que não prestigiam o diálogo.

As razões desse estado de coisas são muito complexas e, em parte, provêm de acontecimentos passados — basta pensar na solução precipitada apresentada pela "questão romana", provocando feridas que ainda não cicatrizaram —, mas, em todo caso, é evidente a negatividade desse tipo de dialética conflitiva tanto para a política (e a sociedade em geral) quanto para a Igreja. As leis que foram promulgadas nas últimas décadas na Itália sobre as questões que estão sendo discutidas aqui nasceram em grande medida na onda da contraposição entre "leigos" e "católicos", ou seja, como demonstrações de força propriamente ditas das duas partes, apresentando grandes lacunas no tecido social do país e, muitas vezes, interpretando em termos completamente unilaterais exigências próprias da população.

As breves notas que vamos desenvolver aqui não têm como objetivo entrar no mérito das questões singulares. A abordagem delas mereceria um maior espaço de tempo e de reflexão. Elas se propõem, modestamente, a oferecer alguns critérios de natureza metodológica que permitam abordá-las de maneira correta, dentro da perspectiva da ética pública. Partimos, antes de tudo, apontando alguns percursos que não devem ser feitos, visto serem unilaterais e incorretos [1], delineando, em seguida, o tipo de abordagem que se pode privilegiar, pois está aberto a um confronto positivo entre crentes e leigos [2], concluindo com a proposta de um modelo ético que se inspira numa visão personalista e que, pelo menos do ponto de vista formal, pode tornar-se um terreno comum de confronto de onde se poderá partir para elaborar as respectivas avaliações [3].

SOBRE AS QUESTÕES "ETICAMENTE SENSÍVEIS"

1 Três percursos que não devem ser seguidos

A busca por uma vida correta para sair dessa aflição deve partir, antes de tudo, da análise de alguns percursos a que se recorrem hoje com certa frequência, e que se constituem em atalhos perigosos, inapropriados, a enfrentar seriamente as problemáticas em questão.

[a] O *primeiro* desses percursos é constituído pela *adoção da ética de um grupo ou de uma instituição, seja religioso(a), social ou ideológico(a), como referência exclusiva para a elaboração da norma civil*. A tentação de impor a própria ética, por parte da Igreja, mas também de grupos com conteúdo ideológico acentuado, é muito forte. No contexto do mundo ocidental, pelo menos enquanto persiste o "regime da cristandade", essa solução tem sido predominante. A identificação da cultura do Ocidente com a tradição cristã tornava possível e até inevitável a transposição dos conteúdos da moral cristã (obviamente, os conteúdos voltados aos comportamentos sociais) para o âmbito das leis civis. Longe de reivindicar — como irá acontecer a partir da Modernidade — a própria autonomia, o direito se mostrava completamente vinculado à moral (e, especificamente, a uma moral particular de matriz religiosa), de modo a ser considerado um simples corolário desta.

A situação atual é radicalmente diferente. Não estamos assistindo apenas a uma emancipação progressiva do direito em relação à ética (chegando ao limite de uma total separação)[1] — e

---

[1] Para uma reflexão sobre o tema das relações entre ética e direito, cf. Vv.AA. *Ordine morale e ordine giuridico. Rapporto e distinzione tra diritto e morale*, Atti del 10º Congresso dei teologi moralisti, Roma 24-27 de abril de 1984, Bologna, EDB, 1985. Cf., ademais, CASTELLANO, D. *Ordine etico e diritto*, Napoli–Roma, Edizioni Scientifiche Italiane, 2011; GIROLAMI, P. *Medicina*,

paralelamente da ética em relação à religião (a religião cristã no nosso caso) —, mas o que se vê a partir do século XVIII é, sobretudo, o avanço de um processo de pluralismo ético acentuado, no sentido — já claramente previsto por Max Weber — da afirmação de uma forma de "politeísmo dos valores" (talvez hoje se devesse falar em "sistemas de valores") como resultado da secularização ou do que o próprio Weber define, com uma expressão sugestiva, como "o desligamento do mundo". Desse ponto de vista, também o apelo que faz a Igreja em relação à "lei natural" ou aos assim chamados "princípios não negociáveis", embora seja legítimo — as instâncias que levaram à elaboração da categoria de "lei natural" são ainda mais atuais hoje em dia, quando se pensa nas possibilidades inéditas de que dispõe o homem em manipular a si mesmo e ao ambiente circunstante, e, assim, à exigência de se fixar limites precisos em sua intervenção —, corre o risco de cair no vazio.

Para além de uma possível convergência formal, também essa dificultada pelo uso de categorias que, em função do significado adquirido da história, correm o risco de sofrer mal-entendidos graves, a identificação dos conteúdos dessas instâncias valorativas possibilita o surgimento da diferença entre as diversas concepções éticas. A existência de uma ética universal, postulada por Kant, se constitui no produto de um passado que dificilmente poderá ser recuperado. O que vem ocupando o posto central, hoje, é uma multiplicidade de "razões" e, portanto, de argumentações éticas que tornam impraticável todo e qualquer recurso dedutivo, impondo a exigência de um confronto "a partir de baixo", e na medida do possível buscando estabelecer uma razão que seja comum.

etica e diritto, Torino, Centro scientifico editore, 2009; PALAZZANI, L. *Il potenziamento umano. Tecnoscienza, etica e diritto*, Torino, Giappichelli, 2011; RODOTÀ, S. *La vita e le regole*, Milano, Feltrinelli, 2009.

SOBRE AS QUESTÕES "ETICAMENTE SENSÍVEIS"

[b] O *segundo* percurso origina-se diretamente da consideração do estado do pluralismo descrito e se traduz na *redução da ética para abordar questões "eticamente sensíveis" numa perspectiva meramente procedural*. O caminho que se pretende privilegiar aqui é o de uma abordagem "sociológica", baseada num critério simplesmente quantitativo, em que se considera apenas o dado factual sem nenhuma referência de valor, inclusive reduzindo o valor ao fato. As normas elaboradas nessa perspectiva têm em vista a regulamentação das existências com a única preocupação de respeitar a liberdade do indivíduo, enquanto parece eludir-se completamente qualquer consideração referida ao "bem comum" ou ao "interesse geral". Prevalece, portanto, uma óptica de caráter rigidamente individual, que se apresenta com a presunção de uma absoluta neutralidade moral da lei, e, portanto, com a renúncia explícita de lançar mão de qualquer paradigma de valor.

Sem levar em conta as inevitáveis recaídas sociais que têm (e não podem não ter) as decisões que visam legitimar alguns comportamentos subjetivos — basta pensar no relevante peso econômico imposto pela aceitação e algumas práticas biomédicas —, fica evidente que, mesmo por trás da recusa de se recorrer à ética, o que ocorre na verdade é a adoção tácita de uma ética — a ética utilitarista — que estaria também sujeita a uma avaliação crítica.

Na realidade, não há posicionamentos completamente "neutros"; por trás de cada posicionamento em relação a questões bem delicadas, como as "eticamente sensíveis", encontra-se, portanto, uma compreensão prévia bem definida do homem e da vida, que se projeta ali e constitui sua motivação de fundo. Colocar a ética (e, portanto, o discurso sobre valores) entre parênteses, abrindo espaço a uma abordagem meramente procedural (e, portanto, estritamente normativa), torna-se, então, uma postura insustentável. É muito mais correto ter consciência do próprio posicionamento ético, explicitando-o e confrontando-o com os demais, buscando estabelecer pontos de convergência que sejam comuns. É só dessa forma que se poderá evitar uma abordagem parcial, com ares de ser objetivo, tornando-se, assim, muito mais perigoso.

[c] Por fim, o *terceiro* percurso se constitui na *remissão à consciência individual*; essa remissão é necessária — afirma-se — pelo fato de que as questões "eticamente sensíveis" convocam as convicções éticas pessoais de cada um e, enquanto tais, não podem ser objeto de uma escolha de partido ou de coalizão. Esse posicionamento, embora seja bem mais plausível que os demais, não é na verdade menos limitador e nem traz menos riscos que os outros. O que está em jogo nas questões aqui referidas não é a escolha pessoal (que deve ser deixada, essa, sim, à decisão de cada um), mas a valorização "política" de uma intervenção legislativa que tem uma incidência direta na ordem social, exigindo, portanto, um juízo, adotando como critério o bem comum ou o interesse geral.

Um partido e, num sentido mais lato, uma coalizão de governo devem formular claramente seu próprio posicionamento a respeito: o projeto de sociedade a que se busca implementar e com o qual se apresentam aos eleitores não pode deixar de conter também uma proposta precisa em relação às questões "eticamente sensíveis". É claro que será necessário identificar um ponto de mediação entre os diversos componentes (ou as variadas almas) presentes no partido ou nos partidos que compõem a coalizão; mas não se pode renunciar a expressar um posicionamento preciso sobre temas que revestem uma relevância social importante.

A distinção necessária entre ética e direito (embora reconhecendo que não deve tratar-se ali de uma separação radical) e, antes disso, entre "ética privada" e "ética pública" se constitui no critério central que deve inspirar inclusive o julgamento dos indivíduos militantes. A importância das convicções pessoais está fora de discussão e não pode deixar de entrar em jogo na avaliação das soluções a serem propostas para as questões singulares em causa, mas constitui o ponto de partida de um processo que se deve medir com o princípio da busca do bem comum e que, por isso, não pode prescindir de uma análise concreta da situação, apontando para o que mostra ser socialmente mais produtivo (não só em termos de respeito aos valores, mas também de eficácia nos confrontos da realidade) e aceitando democraticamente que a opinião própria se integre com a opinião dos outros no esforço de alcançar a definição de uma plataforma comum.

2 A via da mediação e do debate público

A crítica feita aos últimos percursos, de certo modo, já focalizou a postura de fundo que se deve adotar para enfrentar corretamente as temáticas referidas aqui. Para explicitar de modo mais detalhado e definir claramente os contornos, é importante, antes de tudo, esboçar uma distinção preliminar (e fundamental), a qual já foi indicada — a saber, a distinção entre "ética privada" e "ética pública".

Não há dúvidas de que algumas questões como as "eticamente sensíveis" ocupam um posto relevante no âmbito da "ética privada". Temas como a questão da sexualidade e da reprodução, do matrimônio e da família, das uniões de fato e dos direitos dos homossexuais, e igualmente do cuidado com a saúde e dos tratamentos dos recém-nascidos e dos que estão no final da vida, constituem setores privilegiados da reflexão moral, porque dizem respeito a escolhas com grandes implicações valorativas, mas que comportam, sobretudo, um alto grau de envolvimento subjetivo, na medida em que o que está em jogo neles é o próprio sentido da existência pessoal. Por esse ponto de vista, todos devem estar habilitados a enfrentar essas questões do modo mais livre possível, com uma postura coerente com o sistema de valores ao qual adere.

terceira parte

Todavia, quando ingressamos no âmbito sociopolítico, a abordagem deve ser bem distinta, ou seja, quando se trata de legislar sobre o mérito dessas questões. A busca por soluções não pode prescindir, mesmo nesse caso, de lançar mão da ética, a saber, de uma "ética pública", em que o peso não deve ser posto exclusivamente nos valores e em sua abstrata proclamação de princípio, mas deve levar em consideração a variedade e a complexidade das situações concretas, a relevância social dos fenômenos e a necessidade de avaliar a eficácia dos dispositivos que se tem em mente adotar, seja em relação à tutela dos valores que estão em jogo, seja em relação à capacidade de enfrentar de modo eficaz as instâncias do contexto situacional em que se faz necessário decidir. O que se deve ter em vista, neste caso, então, não é "o bem absoluto", ou o bem que assim se considera a partir das convicções éticas próprias; é, antes, o "bem possível" (e, em alguns casos, o menor dos males) dentro da situação concreta.

Essa postura, que deve ser assumida por todos na primeira pessoa do singular (sem abdicar das próprias convicções, mas colocando-as em jogo na perspectiva da busca do bem comum ou do interesse geral), precisa caminhar lado a lado com as exigências (também essas, parte integrante da definição concreta de bem comum ou de interesse geral), dentro das situações do pluralismo ético acentuado que é próprio de nossa sociedade. Assim, é preciso levar em conta a necessidade de alcançar uma definição das soluções a serem apresentadas no âmbito legislativo por meio de um amplo debate público, em que se possam confrontar dialeticamente os diversos posicionamentos éticos, provindos, esses também, de variadas concepções antropológicas e, numa perspectiva mais geral, de visões do mundo e da vida diferentes. Com isso, busca-se uma convergência em torno de um denominador comum ou encontrar uma solução partilhada.

Uma das funções da política é, sem dúvida, exigir e implementar esse confronto mais amplo, que deve envolver — como, aliás, vem acontecendo nessas últimas décadas em alguns países europeus (mas não só europeus) — os diversos componentes sociais, ideológicos e religiosos presentes na sociedade, caracterizados por uma sensibilidade de valores específica — o dever laico do Estado não exclui, e até exige, que se leve em consideração a presença (cada vez mais intensa) de tradições culturais e religiosas na sociedade. Essas tradições constituem uma riqueza indiscutível no campo religioso e ético — e são convidadas a contribuir para a definição daquilo que melhor interpreta as exigências da vida coletiva. Contudo, a condição que permite um desenvolvimento edificante do confronto mostra que cada uma das partes componentes aqui referidas deve renunciar a impor seu próprio posicionamento como se fosse absoluto, reconhecendo a parte de verdade que existe nos posicionamentos alheios e a capacidade de discutir, tendo como meta o bem comum ou o interesse geral; no âmbito de um sistema democrático, estes só podem surgir de um processo de integração recíproca.

Em outros termos, como um caminho para buscar soluções adequadas para os temas em discussão, trata-se de implementar uma forma de "ética da comunicação" (ou de uma "ética do discurso"); segundo a famosa definição de Habermas, uma ética em que se baseiam as normas de comportamento não provêm "do alto", de um procedimento dedutivo rigoroso — a existência de uma grande pluralidade de "razões", e consequentemente de uma grande variedade de sistemas éticos, torna totalmente impraticável esse modo de proceder, como já foi constatado. As normas devem surgir, antes, a partir "de baixo", por meio de um procedimento indutivo que, com base em inúmeras "razões" e confrontando-as entre si, consiga identificar uma "razão" que seja comum[2].

---

2   Cf. HABERMAS, J. *Etica del discorso*, Roma–Bari, Laterza, 1989, ID. *Teoria della morale*, Roma–Bari, Laterza, 1994.

TERCEIRA PARTE

Além do mais, não foi exatamente esse tipo de procedimento que permitiu alcançar uma definição dos "direitos humanos", que gozam (pelo menos, no Ocidente) de um reconhecimento universal e que, junto às *Cartas constitucionais*, compõem (isso, sim) uma referência imprescindível — nesse caso específico, se pode falar, pois, de princípios "não negociáveis" —, inclusive na busca de soluções adequadas, às questões "eticamente sensíveis"? O confronto entre os diversos posicionamentos éticos não ocorre no vazio; apoia-se num dado pré-constituído de grande relevância, numa tabela de valores civis e sociais muito precisa, que gozam de uma consagração solene e uma hierarquia harmônica recíproca. A visão global do humano que forma a base dessas *Cartas* — basta pensar no conceito de dignidade da pessoa — e a concepção de sociedade que transparece claramente ali orientam o confronto entre caminhos bem definidos, estabelecendo um limite ético à possibilidade das opções.

3 Quais são os critérios que devem pautar as decisões?

O objetivo das reflexões anteriores era trazer luz sobre os procedimentos a serem formalmente respeitados, caso se queira chegar democraticamente a elaborar normas que possam auxiliar na abordagem correta dos temas "eticamente sensíveis". Mas é possível perguntar — e não é questão de menor importância — a que critérios se deve recorrer para a elaboração das referidas normas? Em outros termos, como e com base em quais pressupostos se deverá identificar os conteúdos das normas? Ou, de modo ainda mais preciso, pode-se perguntar se, respeitando as respectivas visões de mundo presentes hoje no cenário social, existe a possibilidade de encontrar um modelo ético de abordagem das temáticas discutidas que permita uma convergência, no âmbito da ética pública, em torno de um paradigma metodológico comum.

Nessa perspectiva, o modelo que aparentemente se poderá utilizar é o da "ética da responsabilidade", se esse não for restrito à formulação da clássica concepção de Weber (mesmo que se tome essa como ponto de partida), mas estendendo seu alcance também aos valores socioculturais do agir humano[3]. Não se deve esquecer, todavia — como se tem observado seguidamente —, que o critério básico por meio do qual se devem avaliar as intervenções nesses âmbitos é o do bem comum ou do interesse geral, na busca de tudo que diz respeito concretamente às exigências da coletividade no contexto real da situação.

Mas como se poderá definir esse "bem"? Quais os elementos com base nos quais se deve formular o juízo? A categoria de "responsabilidade" é assumida aqui com toda a riqueza semântica que lhe cabe. Além de remeter diretamente ao sujeito e a seu coenvolvimento livre na decisão (*responder em primeira pessoa do singular*), ela se refere ao outro como interlocutor (*responder a alguém*) e à ação como conteúdo efetivo da resposta (*responder por algum motivo*). É como dizer que a responsabilidade está às voltas com a relação com o outro enquanto horizonte e fim do agir, mas acompanhada pela gravidade objetiva da ação, da qual não se pode prescindir para alcançar o fim desejado.

---

3   Cf. WEBER, M. *L'etica della responsabilità*, a cura di P. Volonté, Scandicci, La Nuova Italia, 2000. O volume compila os dois ensaios escritos por Weber sobre essa questão, precisamente *Considerazione inermedia* (1916), onde se apresenta a justificação da distinção entre as duas éticas, e *La politica come professione* (1919), onde se expõem analiticamente o sentido e a modalidade de exercício da *Etica da responsabilidade*. Essa é definida por Weber, originariamente, como "ética dos resultados" (cf. ID. *La situazione della democrazia in Russia*, 1905-1906/1917, Bologna, Il Mulino, 1981, 27-29), na medida em que se atribui maior relevância às consequências. O termo *ética da responsabilidade* (*Verantwortungsethik*) é introduzido sucessivamente por Weber no contexto da polêmica com os posicionamentos dos neokantianos e de Max Scheler.

terceira parte

[a] *Responder a alguém* — A determinação das normas relativas às questões "eticamente sensíveis" não pode evitar, primordialmente, o confronto com o conjunto dos significados sociais e culturais dos processos que atuam hoje nesses âmbitos, com suas consequências, que, em geral, são de vasto alcance sobre a vida e a consciência das pessoas envolvidas. A razão profunda dessa atenção especial está ligada ao fato de que o agir moral, como expressão do sujeito como pessoa, é um agir estruturalmente relacional, que não pode prescindir da relação com o outro; e que adquire, inclusive, seu pleno significado ético com base nessa relação. Isso significa que a relacionalidade, que provém diretamente da natureza do sujeito humano, se constitui em fundamento da ética, ou, para afirmar isso com as palavras de Emmanuel Levinas, que a pessoa humana adquire o caráter de sujeito ético no instante em que é interpelada pelo outro a partir de sua indigência, e se vê obrigada a assumir a própria responsabilidade.

Contudo, quem é esse outro e esse "alguém" a quem se deve responder? É bom lembrar, como nos ensinou Paul Ricoeur[4], que não se trata simplesmente do vizinho ou do círculo dos que fazem parte da própria classe de pertença ou da própria nação, mas que, na situação atual de interdependência da família humana, é preciso expandir a visão para a inteira humanidade. O "outro" — para usar as palavras de Ricoeur — já não é mais apenas o "tu" com o qual se pode entrar em relação diretamente; mas é também o "terceiro", um sujeito com nome e rosto definidos que jamais conheceremos pessoalmente, mas de quem teremos de "cuidar", contribuindo e promovendo sua dignidade e salvaguardando seus direitos mediante a criação de "estruturas justas". Num sentido mais amplo (mas nem por isso menos importante), é a humanidade do porvir, isto é, as gerações futuras para as quais é nosso dever deixar um mundo habitá-

---

4   Cf. RICOEUR, P. *Sé come un altro*, Milano, Jaca Book, 1993.

vel. O conceito de "bem comum" já não pode mais ser restrito apenas ao âmbito "sincrônico" — "todo homem e todos os homens", segundo a famosa indicação da *Populorum progressio*, de Paulo VI —, mas se estende ao âmbito "diacrônico", com a inclusão de todos os que virão ao mundo no futuro[5].

As questões "eticamente sensíveis" têm a ver, antes de tudo, com sujeitos precisos, os que reclamam o reconhecimento de direitos em alguns países que, por ora, lhes são negados — basta pensar nos parceiros de fato, tanto héteros quanto homossexuais —, ou os que se sujeitam, por diversas razões, a intervenções de manipulação (terapia genética, fecundação *in vitro* etc.). No entanto, a repercussão das decisões tomadas no âmbito legislativo tem (e não pode deixar de ter) implicações culturais e sociais muito mais amplas: é suficiente chamar a atenção aqui para o enfraquecimento do conceito tradicional de família que poderia ser percebido como consequência de outros modelos familiares ou nas implicações econômicas ligadas à admissão de algumas novas práticas médicas e, assim, à importância, respeitando-se os limites dos recursos disponíveis, de não subestimar a ordem de prioridade das urgências de que se deve cuidar.

O juízo expresso sobre as questões "eticamente sensíveis" em vista de uma regulamentação pública em nível legislativo e social não pode ser formulado sem se levar em conta aspectos como os que mencionamos, que se constituem com pleno direito na definição de bem comum ou de interesse geral. Na verdade, a valorização moral dos processos apontados não pode ser restrita ao mero critério do respeito à liberdade individual (ou, ainda menos, ao critério da satisfação dos desejos subjetivos); essa valorização deve adotar como critério a promoção de

---

5 Cf. JONAS, H. *Il principio responsabilità. Un'etica per la società tecnologica* (O princípio responsabilidade. Uma ética para a sociedade tecnológica), Torino, Einaudi, 1990.

todos e de cada um; em outras palavras, deve conjugar o respeito à liberdade individual com o empenho por edificar uma ordem institucional justa, que possibilite o desenvolvimento solidário de toda a família humana.

[b] *Responder "por alguma coisa"* — O critério primordial e imediato da valorização da ação política (e legislativa), que, assim (em estreita relação com o que foi mencionado como valor definitivo), constitui o parâmetro de medida dos processos singulares a partir da perspectiva da "ética pública", é, ao contrário, o critério formulado por Max Weber, quando este distingue a "ética da responsabilidade" da "ética da convicção" (ou "da consciência"), atribuindo à segunda, para a qual o que importa é a adesão incondicional aos valores "aconteça o que for", o caráter de puro testemunho, e a considerando, portanto, como a ética do "santo" ou do "mártir" (ou testemunha por excelência); considera a primeira — a da responsabilidade, em que o que importa é, antes de tudo, a valorização das consequências da ação — como a ética do político (e, de modo mais genérico, do profissional), que não pode contentar-se apenas com uma fidelidade abstrata aos princípios (ou aos valores), mas deve preocupar-se com a eficácia das próprias ações de intervenção, ou seja, da busca por resultados.

O que assume uma importância fundamental aqui é a gravidade objetiva das ações; o que torna evidente a responsabilidade própria do político — e isso se aplica naturalmente também (e sobretudo) quando age no âmbito legislativo — de levar em consideração, sobretudo, a efetividade das próprias ações, avaliando seus efeitos e optando — como já foi mencionado — pelo "bem possível" ou pelo "menor dos males". Esse critério, que se aplica também às escolhas pessoais, é a consequência do limite estrutural, ligado à condição espaçotemporal, e da experiência humana, que se deduz das dinâmicas próprias da corporeidade, segundo as quais a ética só pode ser uma ética "situada". Uma ética, portanto, que tem de haver com as possibilidades reais, renunciando a perseguir o bem absoluto, o qual, além de ser inalcançável, acaba se tornando um empecilho ao "compromisso" com a realidade, tentando alcançar os níveis de emancipação efetivamente possíveis.

Para implementar essa operação, é importante lembrar que a valorização dos processos mencionados não pode prescindir de referir-se a um quadro de valores muito preciso, hierarquicamente ordenado; isso impede que se decaia numa forma de mero utilitarismo. Como não é possível, por outro lado, deixar de reconhecer a "não neutralidade" moral do meio, o que obriga a levar em consideração a incidência deste (e, portanto, não apenas da bondade do fim) como um elemento decisivo na avaliação de toda e qualquer intervenção manipuladora no homem ou na natureza.

A atenção que se deve ter ao submeter as intervenções humanas a uma consideração cuidadosa de seu significado sociocultural e de sua consistência objetiva é o caminho que deve ser percorrido para alcançar uma formulação de dispositivos legislativos que respeitem as verdadeiras exigências do bem comum. É bom recordar, um caminho que deve ser percorrido com prudência para evitar incidir em riscos graves (que possivelmente, de início, não podem ser previstos). Contudo, um caminho que, para ser percorrido de forma adequada, exige que se crie na sociedade um clima sereno, livre de preconceitos, de modo a favorecer o diálogo; ao mesmo tempo, uma tal via contempla a promoção de espaços públicos onde possa se desenvolver um debate democrático e pluralista.

Referências bibliográficas

Em parte, os capítulos deste livro são uma reformulação de ensaios do autor publicados em diversos livros e revistas. Foram submetidos, naturalmente, a uma ampla revisão e à atualização de seus conteúdos e das referências bibliográficas. Apontam-se aqui as fontes originárias, às quais é possível consultar para melhor contextualizar o trabalho que se propõe aqui.

Persona e società: per uma rifondazione ética della politica, in: Vv.Aa. *Persona e personalismo. Aspetti filosofici e teologici*, a cura da Facoltà Teologica dell'Italia Settentrionale Sezione di Padova, Padova, Fondazione Lanza–Gregoriana Libreria Editrice, 1992, 185-203.

Bioetica e rifondazione dell'etica pubblica, in *Hermeneutica/Nuova serie* (Dire persona oggi), Brescia, Morcelliana, 2006, 221-237.

Il corpo fondamento di un'etica "situata", in *Hermeneutica/Nuova serie* (Corpo e persona), Brescia, Morcelliana, 2007, 269-281.

L'ambivalenza del corpo. Per un approccio simbolico, in: Vv.Aa. *Il corpo alla prova dell'antropologia cristiana*, Associazione Teologica Italiana, a cura de R. Repole, Milano, Glossa, 2007, 3-23.

Sulle questioni eticamente sensibili. Un approccio metodologico, in: Vv.Aa. *Chiesa del Concilio dove sei? Riappropriamoci della sua profezia*, a cura de N. Trentacoste, Assisi, Cittadella, 2009, 215-228.

La "natura" dell'uomo nell'ambito della teologia contemporanea, in: Vv.Aa. *Natura ed etica*, a cura de M. Signore, 63º Convegno nazionale del Centro studi filosofici di Gallarate, Lecce, Pensa Multimedia, 2010, 29-61.

Il nichilismo e la crisi dei valori. Verso una nuova fondazione dell'etica, in: Vv.Aa. *Fede Cristiana e ricerche morali. Studi in onore di Giuseppe Trentin nel 70º compleanno*, a cura di C. Corsato e G. P. Dianin, *Satudia Patavina — Rivista di scienze religiose* 1 (2010), 89-110.

Edições Loyola

editoração impressão acabamento

Rua 1822 n° 341 – Ipiranga
04216-000 São Paulo, SP
T 55 11 3385 8500/8501, 2063 4275
www.loyola.com.br